传统杨氏太极拳解析

魏保仲 编著

北京体育大学出版社

策划编辑：吴海燕　钱春华
责任编辑：吴海燕
责任校对：王泓滢
版式设计：高文函

图书在版编目（CIP）数据

传统杨氏太极拳解析 / 魏保仲编著 . -- 北京：北京体育大学出版社，2022.10
ISBN 978-7-5644-3745-9

Ⅰ . ①传… Ⅱ . ①魏… Ⅲ . ①太极拳—基本知识 Ⅳ . ① G852.11

中国版本图书馆 CIP 数据核字(2022) 第 192689 号

传统杨氏太极拳解析
CHUANTONG YANGSHI TAIJIQUAN JIEXI
魏保仲　编著

出版发行：北京体育大学出版社
址　　址：北京市海淀区农大南路 1 号院 2 号楼 2 层办公 B-212
邮　　编：100084
网　　址：http: //cbs.bsu.edu.cn
发 行 部：010-62989320
邮 购 部：北京体育大学出版社读者服务部 010-62989432
印　　刷：北京昌联印刷有限公司
开　　本：710mm × 1000mm　1/16
成品尺寸：170mm × 240mm
印　　张：12.25
字　　数：207 千字
版　　次：2022 年 10 月第 1 版
印　　次：2022 年 10 月第 1 次印刷
定　　价：38.00 元

太极拳，乃柔中寓刚、绵里藏针之艺术，于技术上、生理上、力学上有相当之哲理存焉。

——杨澄甫

弘扬太极
造福人类

——杨振国

二零一零年三月十九日

杨氏太极文化
传承弘扬光大

——魏保仲

二零一七年十月十日

杨氏太极拳的起源与传承

创始人 杨露禅

杨露禅（名福魁）（1799—1872），直隶省广平府（今河北省邯郸永年区）人，杨氏太极拳创始人，是一位早在清代就将太极拳深入推广、发扬光大的伟大武术家。

杨露禅自幼好武，因家贫，迫于生计，在河南焦作温县陈家沟陈德瑚家中做工。适逢陈长兴借陈德瑚家授徒，杨露禅学艺心切，便在一旁观看、私下练习，久之竟有所得。后被陈长兴发现，见其是可造之才，不但没怪罪，反而大胆摒弃门户之见和江湖禁忌，准其正式学习太极拳。

杨露禅刻苦研究太极拳，曾三次去陈家沟向陈长兴请教太极拳的奥妙，得其精髓后，先是在家乡教授太极拳，后又转去北京教授。

杨露禅在北京教太极拳时，弟子多为王公贵族，他们生活奢侈且体弱多病，又不耐艰苦。考虑到这些人的身体素质和保健需要，杨露禅将自身练习的太极拳进行简化。后来经杨露禅的子孙，对这种太极拳进行修改并定义为杨氏太极拳。

杨氏太极拳的特点是刚柔并济、缓慢柔和、轻沉兼备。杨氏太极拳因其特点，在北京和天津一带有着很大的影响，学习杨氏太极拳的人也越来越多。

杨健侯（名鉴，号镜湖）（1839—1917），杨露禅之第三子，杨氏太极拳第二代宗师。其拳术刚柔并济、出神入化，对刀、剑、杆等各种器械无不精通，且善发弹，拿三四弹丸于手中，往往能同时击中三四只飞鸟，有弹无虚发之美称。杨露禅逝世后，他接替父职在京授拳。他宽厚仁慈，秉性温和，从不恃拳傲扬，有极高的武德。他在继承父亲“小架”的基础上，考虑到习练者的身体条件，着眼“健康第一”，将露禅“小架”招式，扩大幅度，修改成“中架”，既保持了太极拳的技击特点，又更适合老年人的健康需要，在杨氏太极拳史上又前进了一步。

第二代 杨健侯
（名鉴，号镜湖）

杨澄甫（1883—1936），杨健侯之第三子，杨氏太极拳第三代宗师。自幼练功，至40岁方至化境。杨澄甫武功盖世，口德与手德并重，时时处处谨守勿失，是武德高尚的榜样。他秉承其祖其父遗风，兢兢业业、温和笃实。继北平传拳之后，他南下武汉、南京，赴广州，至沪杭，桃李满天下。他又集杨氏三代之经验，将杨氏太极拳逐步定型。1934年，他编写《太极拳体用全书》，历史性地促进了杨氏太极拳在国内外的推广和普及，是成就杨氏太极拳之大成者，在传承杨氏太极拳文化方面做出了重大贡献。

第三代 杨澄甫

杨振国（1928—2013），杨澄甫之第四子，杨氏太极拳第四代传人。杨振国六岁开始跟随父兄习拳，一直致力于杨氏太极拳的推广普及工作，多次受邀在国际性太极拳大会上做示范表演与教学。20世纪90年代末，杨振国创编杨氏太极拳37式，作为传统杨氏太极拳的初级入门和演习套路，得到国家有关部门和专家的首肯。该套路还在2000年海南世界太极康健大会上获特等奖。杨振国在世界各地拥有众多门生和学生。2005年，在中国技击协会的“中华技击珍藏系列”——《武藏》文献资料拍摄中，他带领门生和学生演习的杨氏太极影像被收藏入典。2009年，杨振国被国家评为“非物质文化遗产——杨氏太极拳”传授继承代表人物。

第四代 杨振国

2009年，杨振国大师被国家文化部授予
“非物质文化遗产——杨氏太极拳”传授继承代表人物

杨振国纳徒仪式
后排从左至右分别为：王维香、杨文寿、王树峰、杨志芳、魏保仲、王桂珍

作者简介

魏保仲

魏保仲　生于1938年8月，原籍河北省南宫市（县）；大学本科，高级讲师，退休于天津机电职业技术学院；中国武协会员、国家级社会体育指导员、天津百名健身之星、津门近代武林百杰之一；师承杨振国大师，得其真传正授，系杨氏太极拳第五代传人；2022年入编中国文化信息协会所编《中国武术文化遗产保护传承人物》。

数十年来，魏保仲先生致力于杨氏太极拳的研究与传承，积极推动全民健身活动的开展，弟子众多，授人无数，影响广泛，成绩斐然。魏保仲先生创编推广了传统杨氏太极拳二十四式，制作了杨振国三十七式太极拳教学光盘等，为传承杨氏太极拳做出了重要贡献。

魏保仲先生退休后，先后组织成立了天津市河东月华太极拳俱乐部（会员400余人）、天津市乐天太极拳运动俱乐部（会员7000余人，隶属天津市体育局）、鹤童太极拳俱乐部（隶属鹤童基金委员会）。魏保仲先生多次组织千人以上大型表演活动，其中影响最大的是 2007 年 2008 人的大型迎奥运表演。他还组队代表天津市参加国家气功比赛、太极拳比赛，成绩优秀，并以多种形式参加省市级、国家级、国际级大型武术赛事。魏保仲先生每年在天津市举办太极拳公益培训，为提高天津市太极拳队伍的水平做了大量工作和无私奉献。

魏保仲先生是天津武协杨氏太极拳研究会首任会长，该研究会成立于2013年12月，目前拥有78个辅导站，6000余会员，是天津武术界人数最多的太极拳研究会。

作者拳照

作者剑照

作者刀照

天津市武术协会杨氏太极拳研究会94式太极拳培训结业留念（1）

天津市武术协会杨氏太极拳研究会94式太极拳培训结业留念（2）

2017年8月八十寿辰纳徒合影

2018年5月在邯郸市比赛后和获金银牌的弟子合影

序

我与魏保仲老师因武结缘，因情久远，成忘年之交。魏老新作《传统杨氏太极拳解析》书稿临近收笔之际，嘱我寄语，深感荣幸。虽然我在太极拳研究方面尚无资质，但是能够有机会用自己的拙笔记录几句与魏老多年交往的见闻感触，也是对魏老敬重之情的一种表达。

魏老从1961年开始习练杨氏太极拳。数十年来，他将大部分精力都投入了弘扬杨氏太极拳的事业中，从未因各种困难而放弃自己的追求和梦想，称得上弘扬太极拳文化的典范。魏老也因此荣获“国家级优秀社会体育指导员”的称号，载入《中国当代传统武术名家天津百杰》一书。

一生谋一事，已是成功。1998年退休后，魏老先后成立“天津市河东区月华太极拳俱乐部”和“河东太极拳协会”。2006年组建“天津市夕阳红太极拳大队”。2007年承办“迎奥运太极拳、太极扇、八段锦大型表演活动”。2007年年底，在天津市体育局社体中心的领导下，成立了“天津市乐天太极拳运动俱乐部”。为了进一步推动杨氏太极拳运动在天津的全面普及和发展，魏老与师兄弟们在天津市武术运动协会支持下，成立了“天津武协杨氏太极拳研究会”并亲任会长。在魏老的领导下，研究会举办讲座培训，组织多项大型表演比赛，不断开展各项有益的大型活动，吸引了数千名爱好者加入习练杨氏太极拳的队伍，在全市组建了80多个辅导站，开创了杨氏太极拳在天津蓬勃发展的繁荣局面。纵观天津武术史，能够组建如此规模习练一个拳种的武术组织，唯此一人。

“老牛亦解韶光贵，不待扬鞭自奋蹄。”如今已近耄耋之年的魏老，在教徒授艺的同时夙夜忙碌，精心撰写拳谱，以填补恩师杨振国先生生前没有此拳谱书籍出版之空白，以实现自己的梦想，令我辈钦佩！

赵文龙
（笔者现任：京东拳艺社社长
曾任：中华太极文化国际总部副秘书长
天津武协形意拳研究会常务副会长）

自 序

《传统杨氏太极拳解析》一书，终于跟大家见面了，书中包含杨振国大师拳势解析、传统杨氏太极拳九十四式动作详解、传统杨氏太极拳二十四式动作详解等。

传统杨氏太极拳九十四式，身法中正安舒，拳架开展大方，动作松柔和顺，拳速缓慢均匀，周身圆活连贯，兼备轻灵沉着，招式虚实分明，体用效果突出。这套拳，饱含阴阳对立统一、生息消长的哲学底蕴；这套拳，富有振奋精神、坚定意志、提升品格的修身功能；这套拳，兼备疏通经络、改善脏腑功能、调节神经系统、提高呼吸质量、增强肢体活动等显著的健身养生功效；这套拳，在千姿百态、内涵丰富的太极生态中，以其自身源流明晰、拳理科学、风格独到的特点，展示了强大的魅力和无限的生命力，故而深受大众喜爱，流传甚广。

传统杨氏太极拳九十四式，对手、眼、身、步法有严格的要求，一招一式必须规范正确。笔者因此编写了本书，供广大太极拳爱好者参阅，并想以此填补传统杨氏太极拳九十四式系统教材的空白，为传承传统杨氏太极拳，发展群众性体育文化事业做点实实在在的贡献。

为了更好、更快推广传统杨氏太极拳九十四式，为了学员易学好记，同时也为了表演、比赛和段位考试，笔者在此基础上还创编了“传统杨氏太极拳二十四式”，练习时间为4～6分钟。

“杨振国拳势解析”是这本书的重要内容，目的是通过对拳势的重要特征的理法分析，使传承人以及拳艺爱好者进一步掌握前辈的拳势并精通其力学原理、生理规律，更好地掌握关键技术，为传承、弘扬、发展杨氏太极文化做出贡献。

在编写过程中，弟子陈丽华、张运生、杨桂英、杨帆、邹丹丹、王志强做了很多工作。尤其新入门两年的杨桂英，在“杨振国大师太极拳拳势解析”的画图和文稿编写、整理方面付出了大量心血。在此，对几位弟子的工作表示感谢。

目　录

理论解析

太极拳之练习谈

杨澄甫口述　张鸿逵笔录

中国之拳术，虽派别繁多，要知皆寓有哲理之技术，历来古人穷毕生之精力，而不能尽其玄妙者，比比皆是。学者若费一日之功力，既得有一日之成效，日积月累，水到渠成。

太极拳，乃柔中寓刚，绵里藏针之艺术，于技术上、生理上、力学上，有相当之哲理存焉。故研究此道者，须经过一定之程序与相当之时日。虽然良师之指导，好友之切磋，固不可少，而最紧要者，是在逐日自身之锻炼，否则谈论终日，思慕经年，一朝交手，空洞无物，依然是门外汉者，未有逐日功夫。古人所谓，终思无益，不如学也。若能晨昏无间，寒暑不易，一经动念，即举摹练，无论老幼男女，及其成功则一也。

近来研究太极拳者，由北而南，自黄河流域至扬子江流域，同志日增，不禁为武术前途喜。然同志中，专心苦练，诚心向学，将来不可限量者，固不乏人。但普通人不免入于两途。一则天才既具，年力又强，举一反三，颖悟出群；惜乎稍有小成，便是满足，遽迩中辍，未能大受。其次急求速效，忽略而成，未经一载，拳、剑、刀、枪皆已学全，虽然依样画葫芦，而实际未得此中三味，一经考究其方向动作，上下内外，皆未合度。如欲改正，则式式皆须修改，且朝经改正，而夕已忘却。故常闻人曰："习拳容易改拳难。"此语之来，皆由速成而致此也。如此辈者，以误传误，必致自误误人，最为技术前途忧者也。

太极拳开始，先练拳架。所谓拳架者，即照拳谱上各式名称，一式一式由师指教，学者悉心静气，默记揣摹，而照行之，谓之练架子。此时，学者应注意内外上下：属于内者，即所谓用意不用力，下则气沉丹田，上则虚灵顶劲；属于外者，周身轻灵，节节贯串，由脚而腿而腰，沉肩屈肘等是也。初学之时，先此数句，朝夕揣摹而体会之。一招一式，总需仔细推求，举动练习，务求正确。习练既纯，再求二式，于是逐渐而至于习完。如是则毋事改正，日久亦不致变更要领也。

习练运行时，周身骨节，均须松开自然。其一，口腹不可闭气。其二，四肢腰腿，不可起强劲。此二句，学内家拳者，类能道之。但一举动，一转身，或踢腿摆腰，其气喘矣，其身摇矣，其病皆由闭气与起强劲也。

一、摹练时，头部不可偏侧与俯仰，所谓要“顶头悬”。若有物顶于头上之意，切忌硬直，所谓悬字意义也。目光虽然向前平视，有时当随身法而转移，其视线虽属空虚，亦为变化中一紧要之动作，而补身法、手法之不足也。其口似开非开，似闭非闭，口呼鼻吸，任其自然。如舌下生津，当随时咽入，勿吐弃之。

二、身躯宜中正而不倚。脊梁与尾闾，宜垂直而不偏。但遇开合变化时，有含胸拔背，沉肩转腰之活动，初学时节须注意，否则日久难改，必流于板滞。功夫虽深，难以得益致用矣。

三、两臂骨节均须松开，肩应下垂，肘应下曲，掌宜微伸，手指微屈。以意运臂，以气贯指，日积月累，内劲通灵，其玄妙自生矣。

四、两腿宜分虚实，起落犹似猫行。体重偏于左者，则左实，而右脚谓之虚；若移于右者，则右实，而左脚谓之虚。所谓虚者非空，其势仍未断，而留有伸缩变化之余意存焉。所谓实者，确实而已，非用劲过分，用力过猛之谓。故腿曲至垂直为准，逾此谓之过劲。身躯前扑，即失中正之势，敌得乘机攻矣。

五、脚掌应分踢腿（谱上左右分脚或左右起脚）与蹬脚二式。踢腿时则注意脚尖，蹬腿时则注意全掌。意到而气到，气到而劲自到。但腿骨节均须松开平稳出之。此时最易起强劲，身躯波折而不稳，发腿亦无力矣。

太极拳之程序，首先先练拳架（属于徒手），如太极拳、太极长拳；其次单手推挽、原地推手、活步推手、大捋、散手；最后则器械，如太极剑、太极刀、太极枪（十三枪）等是也。

练习时间，每日起床后两遍，若晨起无暇，则睡前两遍。一日之中，应练习七八遍，至少晨昏各一遍。但醉后、饱食后，皆宜避忌。

练习地点，以庭院与厅堂，能通空气多光线者为相宜。忌直吹之烈风与有阴湿霉气之场所。因身体一经运动，呼吸定然深长，故烈风与霉气，如深入腹中，有害于肺脏，易致疾病也。练习之服装，以宽大之中服短装与阔头之布鞋为相宜。习练经时，如遇出汗，切忌脱衣裸体，或行冷水揩抹，否则未有不罹疾病也。

太极拳术十要

杨澄甫口授　陈微明笔录

一、虚灵顶劲

顶劲者，头容正直，神贯于顶也。不可用力，用力则项强，气血不能流通，须有虚灵自然之意。非有虚灵顶劲，则精神不能提起也。

二、含胸拔背

含胸者，胸略内含，使气沉于丹田也。胸忌挺出，挺出则气拥胸际，上重下轻，脚跟易于浮起。拔背者，气贴于背也，能含胸则自能拔背，能拔背则能力由脊发，所向无敌也。

三、松腰

腰为一身之主宰。能松腰，然后两足有力，下盘稳固。虚实变化，皆由腰转动，故曰："命意源头在腰隙。"有不得力，必于腰腿求之也。

四、分虚实

太极拳术，以分虚实为第一要义。如全身皆坐在右腿，则右腿为实，左腿为虚；全身皆坐在左腿，则左腿为实，右腿为虚。虚实能分，而后转动轻灵，毫不费力;如不能分，则迈步重滞，自立不稳，而易为人所牵动。

五、沉肩坠肘

沉肩者，肩松开下垂也。若不能松垂，两肩端起，则气亦随之而上，全身皆不得力矣。坠肘者，肘往下松坠之意。肘若悬起，则肩不能沉，放人不远，近于外家之断劲矣。

六、用意不用力

太极拳论云："此全是用意不用力。"练太极拳，全身松开，不使其有分毫之拙劲，以留滞于筋骨血脉之间，以自束缚，然后能轻灵变化，圆转自如。或疑："不用力何以能长力？盖人身之有经络，如地之有沟洫，沟洫不塞而水行，经络不闭则气通。如浑身僵劲满经络，气血停滞，转动不灵，牵一发而全身动矣。若不用力而用意，意之所至，气即至焉，如是气血流注，日日贯输，周流全身，无时停滞。久久练习，则得真正内劲，即太极拳论中所云："极柔软，然后极坚刚"也。太极拳功夫纯熟之人，臂膊如绵裹铁，分量极沉；练外家拳者，用力则显有力，不用力时，则甚轻浮，可见其力，乃外劲浮面之劲也。不用意而用力，最易引动，不足尚也。

七、上下相随

上下相随者，即太极拳论中所云："其根在脚，发于腿，主宰于腰，形于手指，由脚而腿而腰，总须完整一气"也。手动、腰动、足动，眼神亦随之动，如是方可谓之上下相随。有一不动，即散乱也。

八、内外相合

太极拳所练在神，故云："神为主帅，身为驱使。"精神能提得起，自然举动轻灵。架子不外虚实开合。所谓开者，不但手足开，心意亦与之俱开；所谓合者，不但手足合，心意亦与之俱合，能内外合为一气，则浑然无间矣。

九、相连不断

外家拳术，其劲乃后天之拙劲，故有起有止，有续有断，旧力已尽，新力未生，此时最易为人所乘。太极拳用意不用力，自始至终，绵绵不断，周而复始，循环无穷。原论所谓"如长江大河，滔滔不绝"，又曰："运劲如抽丝"，皆言其贯串一气也。

十、动中求静

外家拳术，以跳掷为能，用尽气力，故练习之后，无不气喘者。太极拳以静御动，虽动犹静，故练架子愈慢愈好。慢则呼吸深长，气沉丹田，自无血脉偾张之弊。学者细心体会，庶可得其意焉。

杨振国拳势解析

“太极拳，乃柔中寓刚，绵里藏针之艺术，于技术上、生理上、力学上，有相当之哲理存焉。”杨澄甫宗师首先从中华武术的角度给太极拳做出了定义。那么，我们分析问题也就离不开这些原则，关于杨振国大师的重点及关键拳势解析，从生理、力学规律的角度分述如下。

一、脚走捷径，手打直线

杨振国大师经常告诫弟子要“脚走捷径”，现在以左弓步转右弓步时，右脚上步为例进行比较和说明。如图1–1中1、2、3为右脚尖所走出的3条轨迹，左脚与右脚的夹角约为45°，两脚间距离L与肩同宽。

图1–1为右脚尖地面投影轨迹示意图，实线脚印为左弓步，虚线脚印为右弓步。

图1–1中所示轨迹1，是目前常见的行步方式，右脚抬起绕到左脚附近再向前迈出，走一个大弧线。从武术技击方面说：其一，走一段大弧线所用时间长，不利快速出击。其二，从整条轨迹看，两脚间距离始终小于肩宽，尤其右脚到左脚附近时最为严重，形成夹裆，此时重心极为不稳，容易被人牵制。其三，身体的掤劲丢失，同时整劲出不来。

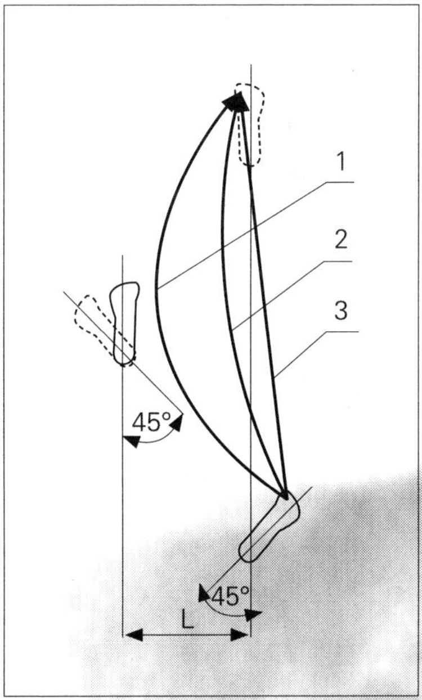

图1–1

图1–1中所示轨迹2，是右脚微收，走一条接近直线的弧线，右脚始终与左脚保持近乎肩宽L的距离，圆裆开胯，重心稳定，上步时间短。由于形体力学结构合理，全身有掤劲，并很容易产生攻和防的整劲。

图1–1中所示轨迹3，是右脚抬起直接上步，走一条直线，这样上步时间虽然最短，但

是处于开裆状态，不符合人体行步的自然规律，丢失了行步的美感和力学合理性，没有了全身的掤劲，也不能形成攻和防的整劲，易受人牵制。

从上面的分析和比较中可以看出，轨迹2所示的行步方式是最为合理的上步方式，符合人体生理规律和力学规律，符合杨振国大师关于太极拳行步的重要论述："脚走捷径。"由此可见，右（左）脚上步时，微收右（左）脚，这时是开胯圆裆，全身有掤劲，利于产生整劲，利于"攻"和"防"，不受制于人；同时也符合人体生理规律，全身有舒适轻松感，体现了天人合一、道法自然的规律。所以尖裆（轨迹1）、开裆（轨迹3）不可取。

"手打直线"是指手（视作一个点）向前推时走的轨迹是一个接近直线的下弧线，定式时手臂自然伸直（曲线），这时全身呈五弓状态。

在九十四式套路中，掌（拳）打直线的例子很多，有的曲线曲率半径大，有的曲线曲率半径小，总之全部是接近直线的曲线。如左右搂膝拗步、玉女穿梭、倒撵猴等单推掌，手走下弧线。指裆捶、搬拦捶等手也走下弧线。定式的力的方向是向前向上，这样对方易拔根向后跌倒。更重要的是发力点是弧的切线方向，此时能量大。还有空间曲线，较直观的例子如野马分鬃和斜飞式，当左掌採、右掌挒靠时，右前臂作用到对方，力量很大。

另外，在攻和防中，腰转带动身躯、四肢的转动，加之手臂同时自转，空中的曲线（弧线）多种多样，不但能使自己由被动变主动，处处牵制对方，也充分体现了太极拳在攻和防中的艺术美。

二、行步时重心移动的轨迹

下面用传统杨氏太极拳九十四式行步时的两个例子来说明，行步时重心移动轨迹的变化范围及行步的特点。

1. 图1–2为左弓步定式转右弓步定式，其重心在地面上投影移动轨迹示意图。带箭头的黑粗线表示重心在地面上投影的轨迹。

图中L代表两脚之间的距离，大约与肩同宽，把此段距离分为4段，用5个点表示，是为说明在定式及过渡式时，重心在地面上投影移动轨迹的变化范围。

左弓步转右弓步重心在地面投影移动路线：重心起点为4（附近）；从4（附近）经3到2（附近），从2到2’经3’经4’到5’，从5’经4”经3”到2”（附近）；2”（附近）为终点。

左弓步时右脚朝向右前45° 方向，左脚朝向正前方，两脚距离为L，此时重心偏于左脚4点附近，左弓步转右弓步时，重心后移，移到右脚2点附近，左脚随腰左摆45° ，重心从2’点附近前移到5’点，此时右脚抬起，并向右前方上步，两脚距离仍为L，重心前移到2”点附近，完成右弓步。

2. 图1–3为左搂膝拗步定式转海底针定式（左弓步转虚步）其重心在地面上投影移动轨迹示意图。带箭头的黑粗线表示重心在地面上投影的轨迹。

图1–3中L和L1代表两脚之间的距离，L大约与肩同宽，L1大约为肩宽一半，把L分为4段，用5个点表示，是为说明在定式及过渡式时，重心在地面上投影移动轨迹的变化范围。

左搂膝拗步转海底针重心在地面投影移动路线：重心起点在4（附近）；从4（附近）到5，从5经4’经3’经2’到1’，从1’到2”（附近）；2”（附近）为终点。

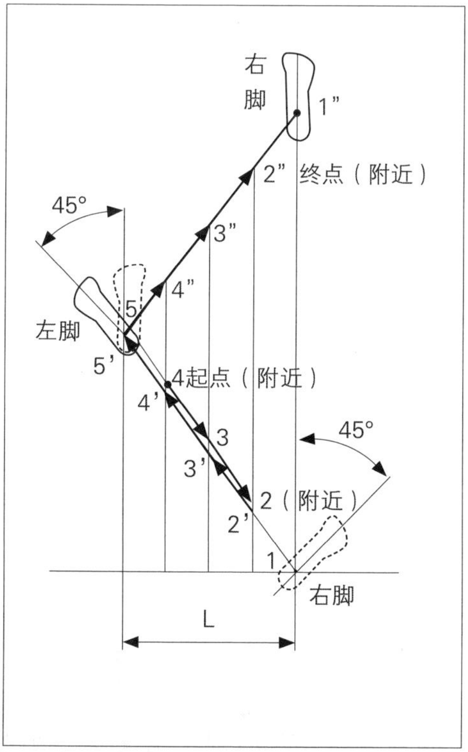

图1–2

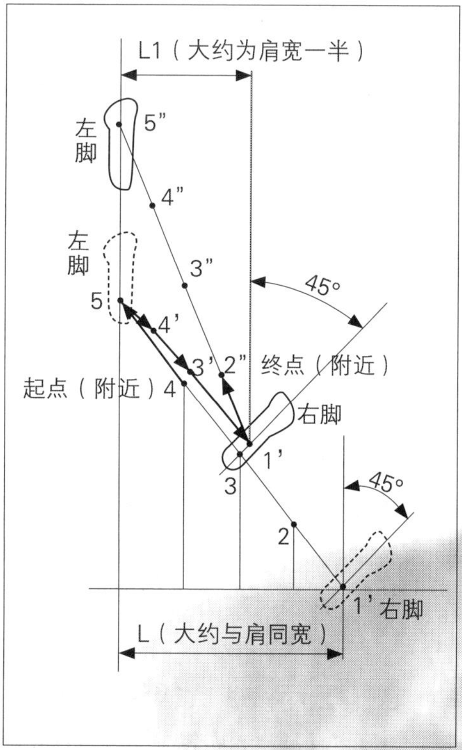

图1–3

左搂膝拗步定式右脚朝向右前45°方向，左脚朝向正前方，两脚距离为L，此时重心偏于左脚4点（附近），左搂膝拗步转海底针时，重心前移到5点，此时右脚抬起跟半步，两脚距离为L1，重心后移到1’点，此时左脚抬起，并向前上步，脚掌着地，两脚距离仍为L1，重心前移到2”点附近，完成海底针。举上面这两个行步时重心移动轨迹的例子，主要是想说明行步时需要注意的几个问题。

第一，能够清楚一个定式到另一个定式，其动作顺序和每个动作的重心移动范围。

第二，由一个定式转到下个定式，重心落在支撑腿这一瞬间，即上步（退步）时，重心在实腿，同时身形与实脚脚尖方向一致，这样重心稳定，上步（退步）轻灵，可大可小，可快可慢，迈步如猫行。然后，腰转动带四肢和身躯以达攻和防的目的。

第三，定式时重心靠近实腿，但重心不能落在实腿上及两腿中间，此时整个躯干力学结构合理，避免双重，两腿虚实分明，下实上虚，可承受四面八方的来力。躯干及四肢灵活，利于技击招法的变化。

第四，一个定式到另一个定式，由左（右）弓步转到右（左）弓步时，要先后坐，即拉腰后带，然后腰带虚脚转动，轻、灵是杨式太极拳的重要特点。这实际是练引进落空的招法，正如接对方传过来的球，先以柔劲接住，向后带，然后再出球。对于拳式来讲，就是以柔克刚，引进落空，刚柔相济，虚实变化相结合。

第五，一个定式到另一个定式，动作是连续的，即连绵不断。

第六，定式时重心应靠近实腿，根据杠杆原理，这样力臂短、作用力大（承载力大），弓步时后脚移动灵活，如跟步、上步及转体等；虚步时前脚灵活，如移步、上步、退步及转体等。

第七，左（右）弓步或左（右）虚步定式时，重心在实腿一侧，但不能落在实腿上，否则有违“虚中有实，实中有虚”的原则，重心不在支撑平面内，不稳，攻防中易失利、受制于人。

三、云手——太极拳的母式

下面对杨氏太极拳九十四式中的云手，左右掌的运动轨迹及特点，手在每段轨迹上的作用及眼神、腰、手、脚的相互配合进行说明。

1. 云手左掌运动轨迹如图1–4所示，右掌运动轨迹如图1–5所示。

2. 云手时左右掌运动轨迹特点：

云手时，左掌在身体前左侧走一个如图1–4所示的轨迹，右掌在身体前右侧走一个如图1–5所示的轨迹，左右掌的运动轨迹为椭圆形，运动方向相反，且两个椭圆形轨迹所在的曲面垂直于地平面。

3. 云手时左右掌在每段轨迹上的作用：

从图1–4和图1–5分析，从C点到D点这段轨迹，左右掌用掤法。

从D点到E点这段轨迹，左右掌用採法。从E点到A点这段轨迹，左右掌用按法。从A点到B点这段轨迹，左右掌用挒法。从B点到C点这段轨迹，左右掌用托法。

4. 云手时眼神、腰、手、脚的相互配合：

左云手时，左掌走图1–4中CDEA上段弧线轨迹，右掌走图1–5中ABC下段弧线轨迹。

左云手，当腰转至右前方时，重心落在右腿上，这时右掌下按至身体右侧图1–5中A点位置，左掌上托在胸前图1–4中C点位置，同时左腿提起，向左跨出一步，脚掌踏地，目视右掌。重心逐渐左移，腰左转，两臂随转体，左臂逐渐内旋，外掤至颈前图1–4中D点位置。右臂逐渐外旋，掌心侧向下，挒至腹前图1–5中B点位置，重心在两腿中间。此时为马步，左掌上，右掌下，两掌基本上下对应，眼神引领左掌。重心继续左移，腰继续左转至左前方，左掌继续内旋，

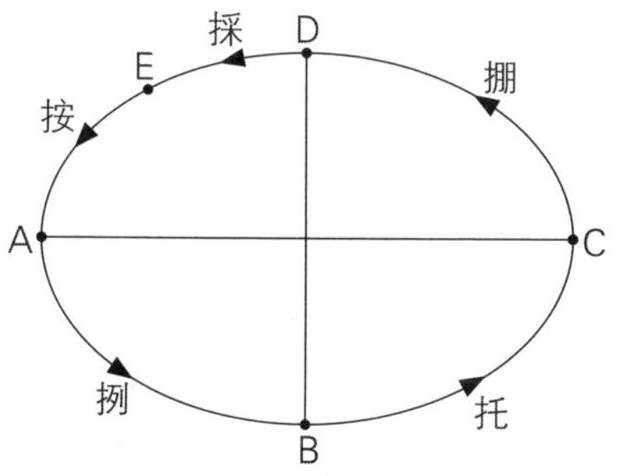

图1–4

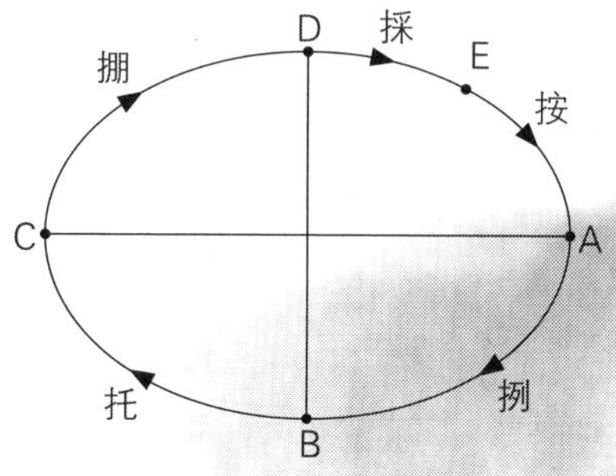

图1–5

下採按至身体左侧，掌心向下，图1–4A点位置，右掌继续外旋，上托至胸前图1–5C点位置，掌心向内，同时提起右脚，收至左腿右侧，右脚掌踏地，两脚距离与肩同宽，两脚平行，脚尖向前，重心在左腿，目视左掌。

右云手时，左掌走图1–4ABC下段弧线轨迹，右掌走图1–5中CDEA上段弧线轨迹。

右云手，当腰转至左前方时，重心落在左腿上，收右脚到左脚右侧，两脚平行与肩同宽，这时左掌下按至身体左侧图1–4A点位置，右掌上托在胸前图1–5C点位置，掌心向内，目视左掌。重心逐渐右移，腰右转，随转体，右掌逐渐内旋，外掤至颈前图1–5D点位置，左臂逐渐外旋，掌心斜向下，挒至腹前图1–4B点位置，重心在两腿中间。此时为马步，右掌在上，左掌在下，两掌上下基本对应，眼神引领右掌。重心继续右移，腰继续右转，左掌继续外旋，上托至胸前图1–4C点位置，掌心向内，右掌继续内旋，下採按至身体右侧图1–5A点位置，掌心向下，同时提起左腿，向左跨出一步，脚掌踏地，目视右掌。如此循环交替做左右云手。

5. 云手时，四肢运动和身体转动，均要以腰为轴，不可偏斜、忽上忽下，保持“立身中正”，运行平稳。云手步法要横向移动，踏下时要脚尖先着地，然后全脚踏实。出左脚时，松腰沉右胯，右掌和左脚对拉拔长。收右脚时，松腰沉左胯，左掌和右脚对拉拔长。两臂运转要随腰转动，运转圆满，右臂顺时针旋转，左臂逆时针旋转，两臂运势相反，一上一下，一左一右，依次更替，相系相随，连绵不断。

6. 杨氏太极拳九十四式的云手共3次，每次5个（或3个），合计共15个（或9个），可见其在整个套路中占比例之大。杨澄甫宗师之所以这样安排，是因为从实际意义上讲，无论是修身养性还是用于技击，此式都是相当有意义的。单式练习时，可以原地不动，反复左右云手；也可以向左横向移动数步，再向右移动数步。其招式变化之多明显可见。从实际交手应用上，可以说太极八法均蕴含于此式，随时可变化，四面八方可攻可防。左、右方位掤挒不用说，前方可随时变化招式，左、右、后方可用肘或靠法，太极大师们把云手视作太极之母式，意义深远。

7. 云手在推手、散手中应用，可更加灵活。在方向上，进步、退步，四正四隅皆可；在技击上，活灵活现，即时变化。

四、起势

下面对杨氏太极拳九十四式起势中手指的运动轨迹，进行分析和比较，说明其合理性。

杨氏太极拳九十四式起势中手指的运动轨迹如图1–6所示。此图是从人体的右侧面进行示意的。

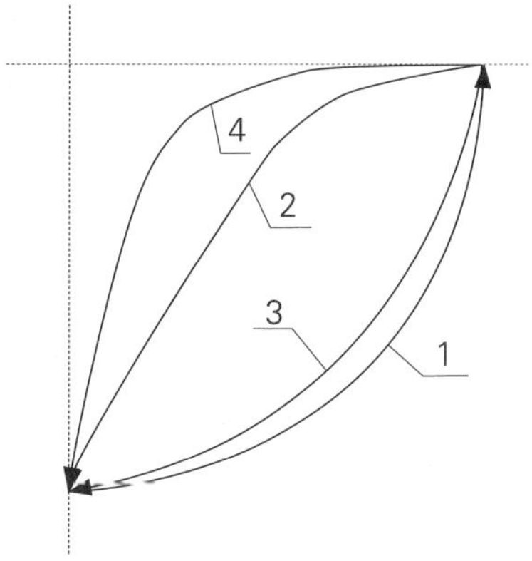

图1–6

第一种起势方法：

两掌臂自然伸直，从身体两侧向前、向上，举至与肩同高，其两掌的运动轨迹，走一段圆心在上的、四分之一的圆弧线，如图1–6中的轨迹1。两掌臂下行时，两肘微屈，带动两臂缓缓下落，两掌按至两胯前。其两掌的运动轨迹，是在上行的运动轨迹内侧，走一段曲线，如图1–6中的轨迹2。上行轨迹1，可掤驾住对方来力或将对方掤开；下行轨迹2，先採住对方，引进落空，再下按使其前倾或跌倒；刚柔并济，以柔克刚。

综上所述，第一种起势方法合理顺达，双臂及全身有掤劲，便于发出整劲。

第二种起势方法：

两掌臂上行轨迹与第一种方法相同，两掌臂下行，是与上行运动轨迹1重合或近似重合的轨迹3，虽然走的也是圆弧线，上臂和前臂近似一条直线，手臂用不上力还显得僵直。

第三种起势方法：

两掌臂上行轨迹与第一种起势方法相同。两掌臂下行时，如果屈臂太过，上臂和前臂则不是曲线，而是形成夹角很小的折线，双臂失去掤劲，如图1–6轨迹4，此时力小而且重心不稳，易被对方牵制。

起势的招法还体现了对“端引技术”的应用，也就是手臂抬起或外展（掤）是稍节（手腕）引领，手臂下落（下按）或里合是根节（上臂）引领。如抽鞭子，之所以鞭稍能有响声，也是对此技术的应用。这符合生理规律和力学规律。同样，上步、退步也是稍节引领，收腿脚也是根节引领。招式练好了，艺术美在其中。

五、走手不走肘

走手不走肘，其实质是在腰带手臂运行时，掌（拳）的活动轨迹远远大于肘的活动轨迹。换言之，上臂与身体之夹角要小于90° ，即45° 为好。其目的主要是上臂要始终保护肋，因为人上身两肋是容易受人攻击的部位。例如，左搂膝拗步时，腰带右臂右转，右臂向右后方扬臂（掤）时大臂与身体的夹角约为45° ，超过45° 时，掤劲渐小，到90° 时，掤劲消失，这时右掌走的轨迹远远大于右肘的活动轨迹。换言之，手的活动范围大，肘的活动范围很小。倒撵猴左（右）手向后侧扬臂时，也是遵循同样原理。又如，搬拦捶式中的搬捶，在腰右转的带动下，右臂搬捶时，右拳活动轨迹远远大于右肘的活动轨迹，此时右上臂与身体夹角呈45°左右为好，处于保护肋的状态。同样地，扇通臂和玉女穿梭中的架撑，上臂也要避免抬得过高。在其他招式中，所有左（右）臂的活动都要有护肋的意识。

同时手臂，尤其上臂和自己身体的夹角为45°，手臂的掤劲（涨力）足。手臂在水平方向移动也是如此，如右掤后变捋时，右臂在右转腰带动下，（大约水平方向）右掤后探掌变捋式。这里讲的“45° 法”在太极拳各招式中皆普遍应用，两脚在虚步、弓步中的夹角为45°，腰也转动45° 或45° 的倍数，如90°、180°、360° 等。还有某些招式的走势也多涉及45° ，如海底针的右臂和后背与地面的夹角为45° 等。

六、平肩分手、分脚或蹬脚

做平肩分手、分脚或蹬脚时，应先分手而后分脚或蹬脚。例如右（左）分脚，首先两掌在腕胸前相交，右（左）手在外，两臂掤圆，即有掤劲又有架劲，距胸部20厘米左右，不可太近，近者丢失掤劲。重心移至左脚，左脚踏实，五趾着地，脚心空，左膝微屈、腰松、左胯沉，两掌逐渐内旋，同时走上弧分开，高不过眼，两臂夹角大于90° 。当两掌心向外时，同时提起右（左）大腿，右（左）脚尖自然向下；两掌坐腕外撑时，右（左）脚在小腿带动下，向右（左）前方抬起，力点在右（左）脚面，随后小腿自然回落，这时小腿起落要有弹性。左右蹬脚也如此，只不过是力点在脚跟。所谓平肩分手，不是两掌分开时走和肩平行的直线，而是走上弧线，但上弧线也不可超过头部、两掌举得太高，手走弧线过长无任何意义，反而会丢失掤劲，耗时过长也会失去上臂保护肋的重要作用。

关于先分手而后分脚或蹬脚，是从攻防角度考虑的，首先把敌方障碍物掤开，再用脚去攻击对方。招法有主次之分，动作有先后之差。

七、前不露手，后不露肘

前不露手，后不露肘，其含义主要是当右（左）臂在身右（左）侧时，保持手臂微屈状态，有弹性，便于攻防。例如，倒撵猴时，左（右）手前推，右（左）手后拉时，右（左）臂微屈，手落在胯旁，不可落在胯前，同时不能屈肘。而肘尖在身后时，前臂上抬，大前臂形成折线，容易受制于人，从健身角度上看也不利，这时经络受阻，血液回流不畅。又如，搬拦捶时，搬捶后，右臂应微屈状态下向后收拳，不应该拳在身前，或肘尖后突，使大前臂形成夹角。

八、臂之运动，必有主辅之分，先后之差，攻守相合

太极拳的每个招式中必有手臂之动，当腰带动手臂运动时，一定要有主次之分，以适应攻防。如左（右）搂膝拗步时，应先搂后推，意在搂开障碍物，再攻击对方。又如单鞭式，当揽雀尾按后，两臂在腰拉后坐之后，左转腰平抹掌时，左臂微屈为主，右臂自然伸直为辅，反之亦然。另外，还有玉女穿梭时先架后推等。许多招法中都体现出主辅之分，动作先后之差，其目的是攻和防相互结合。

九、腰为主宰，腰拉、腰转、腰手脚

“腰带臂，臂带手，腰、手、脚一起走。太极拳不动手，动手非太极。”这是杨振国大师经常告诫弟子的一段话。“太极拳不动手，动手非太极”，实质含义为腰带手脚走。这也正蕴含着“道法自然，天人合一”的哲理。人类从事任何活动，手脚都是在腰的带动下完成的，人的腰出现问题，日常生活会受到很大影响。太极拳的任何动作都有攻防含义。如野马分鬃，当右（左）脚上步后，右（左）转腰带右（左）手臂挒靠，是在腰的转动下完成的。又如左（右）搂膝拗步时，左（右）转腰带动左（右）掌搂膝和右（左）掌推按掌；云手，左（右）云手掤时，左（右）转腰并带右（左）掌挒；搬拦捶时，右转腰带右臂滚压和右脚上步，继续右转腰带动左掌前拦，左脚上步，然后左转腰带动右拳出击。所有

太极拳招式皆如此。腰拉的例子也很多，如掤式变捋式时，边后坐腰边左转腰平捋，由挤变按式时，腰带两臂向后拉动，两臂屈肘坐腕立掌到胸前后，再向前推按掌，等等。所以，太极拳所有招式的定式及过渡式，手臂之动皆由腰带动，才是真正的攻和防，手臂的独立活动没有任何意义。

十、上有阴阳，下有虚实；欲转换先坐腰，变虚实再提腿进退步

阴阳者，天地之道也。天地万物变化的规律，也就是阴阳变化的规律。一年四季、白天黑夜的规律，太极虚实、上下左右的变化，四肢曲直、升降、轻重的变化等，皆符合阴阳变化的规律。有人讲："我们练习太极拳就是练虚实。"这句话简而明，道出其实质。有虚就有实，有实必有虚，虚实互依，不可分离。阴阳的变化也是虚实的变化，太极图也形象地说明了这一点，从中也道出太极的运动规律和特点，连绵不断，行云流水。

太极拳的进步和退步也说明了这一点。如由左弓步到右弓步的转换，左弓步到位后，重心地面投影靠近左脚，左腿实，右腿虚，坐腰，即右腿曲，重心后移，重心地面投影移向右腿旁，这时左腿变虚，右腿实，左转腰带左脚外摆45°后，重心前移至左腿，身形朝左前方，与左脚尖方向一致，同时松腰、沉左胯，提起右腿，右脚微回收，圆裆，向右前方上步，再右转腰，重心前移成右弓步。这个过程说明了一个规律，左腿实变虚，变实，再变虚。退步和左右侧行步也如此。真正体现了"欲转换先坐腰，变虚实再提腿进退步"。这里也看出"逢转必沉"的规律。

虚实变化，即阴阳变化，体现在太极拳的招式变化中，掌握这一规律，运用这一规律，"天人合一，道法自然"，万物皆在阴阳变化中。

十一、不会练拳架，不能推手

杨振国大师为什么强调这一点呢？杨澄甫宗师在《太极拳之练习谈》一文中说到："太极拳之程序，先练拳架（属于徒手），如太极拳、太极长拳；其次单手推挽、原地推手、活步推手、大捋、散手；再次则器械，如太极剑、太极刀、太极枪（十三枪）等是也。"

这是太极宗师的经验之谈，同时也是重要规律之谈。太极拳架是"八法五步"体现，是基础。拳架正确与否，与攻防中的力学结构有直接关系，松柔的程

序又关系到劲力的发挥和整劲的产生。在每招式中熟知八法的劲点，熟练掌握八法的运用也是推手必备条件。在活步推手中，方法的灵活运用十分关键，再者拳架的招式练习也是增长腿上功夫的条件，所以，在不具备推手的条件及没有基础的情况下，练习推手谈何容易，就是定步单推手恐怕也行之不易，或只能推迟时间勉强进行。

十二、手脚转换时，两掌不交叉，两脚不交错，手脚不过身体中线

手脚转换时，两掌不交叉，两脚不交错，左右掌各管一半，左掌走左边，右掌走右边，左右脚也如此，手脚不过身体中线。首先肯定这样的做法，身感舒适、顺达、快捷，换句话说也是人的本能，实质上这适应了人的生理规律。例如，当有人从右边攻击你时，一般人身体的条件反射，很自然地用右掌或右臂去防守，反之亦然。这样做也符合力学规律，攻和防的速度快，力学结构合理。又如左搂膝拗步时，右掌在身体的右侧前推，右掌掌根为力的作用点（力点），方向为正前方，外力的来源是右脚蹬地的反作用力，这样前后对应、顺达通畅，中途力的损耗很少。再如揽雀尾中右掤时，右掌腕不能过人身体中线，这样掤劲大，反之易受制于人，相对力小（杠杆原理），捋时腰带两掌左转，左右掌手腕也不过人身体中线。倒撵猴，两掌各管左右，不过人身体中线。肘底捶、手挥琵琶等两掌也不过人身体中线，这也和外三合相适应。关于步伐，进退步右（左）脚上步时，应落在左（右）脚的右（左）前方。退步时在左（右）脚的右（左）后方，两脚横向距离应符合弓步或虚步的要求。进步搬拦捶时，右脚应在左脚的右前方上步摆脚，而不能在左脚的前方上步（这叫走钢丝），更不能在左脚左前方上步（这叫麻花步）。在套路中，高探马式，两掌在人身体中线，左掌在下，右掌在上，两掌腕未过中线，否则攻防的力量受损（杠杆原理）或受制于人。

十三、定势口诀

“后脚蹬，前脚撑，腰发力，百会上领。”在传统杨氏太极拳各招式运作中，始终要有这个意识，尤其在每招的定式要突出这个意识。这是内三合即意、气、力相结合的关键所在，这一过程中绝不能用拙力，在身体任何部位不能出现僵劲，其前提条件是外三合要到位合理。

例如，右搂膝拗步转左搂膝拗步，右脚虚步外摆45°后，重心前移到右脚，这时身体必须与右脚尖方向一致，然后松腰，沉胯，提左脚、微内收，向左前方上步，左脚跟着地撑住，两脚跟横向距离约同肩宽。右脚踏实，脚趾着地，随左转腰右脚蹬，左脚跟撑地，逐渐踏实，同时随左转腰，左掌搂膝，右掌坐腕立掌，力点在掌根前推。左转腰45°同左脚尖方向一致（前方），这时右掌臂自然伸直（直中有曲），左腿弓，小腿垂直于地面，右腿自然蹬直（右膝微屈），百会上领（精神提起），胯下沉，收腹敛臀，命门后撑（意念）。心与意合，意与气合，气与力合。左掌搂，右掌前推，动作无过不及，四肢微屈，屈伸有余，下盘实而有内劲，上盘虚而灵，全身有掤劲，内气足，内劲充盈，力学结构合理（外三合）。所有招式的弓步、虚步皆如此。云手，在左右虚实转换中也如此。日复一日，年复一年学练套路中的一招一式，随时间流逝，内气在增，内劲在长，全身经络通，血液畅通，身体健康，免疫力不断提升。

综上所述，杨氏太极拳传承人必须认真地、脚踏实地，一步一个脚印地学习杨澄甫宗师、杨振国大师的拳理拳法，不断体悟，深入领会，并且把力学知识、生理知识、当代哲理思想，尤其儒、释、道的理念思维融为一体，不断改善自己的思维方式，修性育德在一身。这就是常说的“人练拳，同时拳也炼人”。能很好地继承，才能弘扬、发展中华太极文化，为社会造福，为人类健康事业的不断发展做出我们传承人的贡献。

传统杨氏太极拳九十四式

杨澄甫晚年定型架　杨振国拳式

扫描观看教学视频

杨澄甫示范照

第一段

一、预备势（南）

二、 起势（南）

三、揽雀尾（南，西）

四、单鞭（东）

五、提手上式（南）

六、白鹤亮翅（东）

七、左搂膝拗步（东）

八、手挥琵琶（东）

九、左搂膝拗步（东）

十、右搂膝拗步（东）

十一、左搂膝拗步（东）

十二、手挥琵琶（东）

十三、左搂膝拗步（东）

十四、进步搬拦捶（东）

十五、如封似闭（东）

十六、十字手（南）

第二段

十七、抱虎归山（西北）

十八、肘底看捶（东）

十九、倒撵猴（5个，东）

二十、斜飞式（西南）

二十一、提手上式（南）

二十二、白鹤亮翅（东）

二十三、左搂膝拗步（东）

二十四、海底针（东）

二十五、 扇通臂（东）

二十六、转身撇身捶（西）

二十七、进步搬拦捶（西）

二十八、上步揽雀尾（西）

二十九、单鞭（东）

三十、云手（5个，南）

三十一、单鞭（东）

三十二、高探马（东）

第三段

三十三、右分脚（东南）

三十四、左分脚（东北）

三十五、转身左蹬脚（西）

三十六、左搂膝拗步（西）

三十七、右搂膝拗步（西）

三十八、进步栽捶（西）
三十九、转身撇身捶（东）
四十、进步搬拦捶（东）
四十一、右蹬脚（东）
四十二、左打虎式（北）
四十三、右打虎式（南）
四十四、回身右蹬脚（东）
四十五、双峰贯耳（东南）
四十六、左蹬脚（东）
四十七、转身右蹬脚（东）
四十八、进步搬拦捶（东）
四十九、如封似闭（东）
五十、十字手（南）

第四段

五十一、抱虎归山（西北）
五十二、斜单鞭（东南）
五十三、野马分鬃（5个，西）
五十四、揽雀尾（南，西）
五十五、单鞭（东）
五十六、玉女穿梭一（西南）
五十七、玉女穿梭二（东南）
五十八、玉女穿梭三（东北）
五十九、玉女穿梭四（西北）
六十、揽雀尾（南，西）
六十一、单鞭（东）
六十二、云手（5个，南）
六十三、单鞭（东）

第五段

六十四、下势（东）
六十五、右金鸡独立（东）
六十六、左金鸡独立（东）
六十七、倒撵猴（5个，东）
六十八、斜飞式（西南）
六十九、提手上式（南）
七十、白鹤亮翅（东）
七十一、左搂膝拗步（东）
七十二、海底针（东）
七十三、扇通臂（东）
七十四、转身白蛇吐信（西）
七十五、进步搬拦捶（西）
七十六、上步揽雀尾（西）
七十七、单鞭（东）
七十八、云手（5个，南）
七十九、单鞭（东）
八十、高探马（东）
八十一、上步穿掌（东）

第六段

八十二、十字腿（西）
八十三、进步指裆捶（西）
八十四、上步拦雀尾（西）
八十五、单鞭（东）
八十六、下势（东）
八十七、上步七星（东）
八十八、退步跨虎（东）
八十九、转身摆莲（东）
九十、弯弓射虎（东北）
九十一、进步搬拦捶（东）
九十二、如封似闭（东）
九十三、十字手（南）
九十四、收势（南）

第一段

一　预备势（南）
二　起势（南）
三　揽雀尾（南，西）
四　单鞭（东）
五　提手上式（南）
六　白鹤亮翅（东）
七　左搂膝拗步（东）
八　手挥琵琶（东）
九　左搂膝拗步（东）
十　右搂膝拗步（东）
十一　左搂膝拗步（东）
十二　手挥琵琶（东）
十三　左搂膝拗步（东）
十四　进步搬拦捶（东）
十五　如封似闭（东）
十六　十字手（南）

▲ 图2-1

第一式 预备势（南）

面向正南；两脚脚尖向前，左右分开，与肩同宽成开立步；两臂自然下垂，掌心向内，手指向下；目视前方（图2-1）。

动作要领：

1. 思想要集中，排除杂念，全神贯注。眼睛要平视，全身放松，舌抵上腭。

2. 虚灵顶劲，含胸拔背，沉肩垂肘，松腰胯，气沉丹田。双膝微屈，双足踏地。

3. 把杨澄甫《太极拳术十要》贯穿始终。

第二式 起势（南）

动作1：双掌逐渐内旋，两掌背由下向前往上领起，两臂自然伸直前举，同肩宽、同肩高，掌心向下，掌尖向前（图2-2）。

动作2：两肘微屈带动两臂缓缓下落，双掌按至两胯前，掌心向下，掌尖向前，目视前方（图2-3）。

▲ 图2-2

▲ 图2-3

动作要领：

1. 两臂上提时意念力点在掌背，下落时意念力点在掌根。

2. 两臂不要直起直落，任何动作都应直中有曲、曲中有直。

第三式 揽雀尾（南，西）

【左掤】

动作1：屈膝下蹲，双掌继续下按。（图2–4）

动作2：重心微左移，右转腰带右脚外摆45°；同时右掌外旋向外、向上掤至右胸前，掌心向左，掌尖斜向前方（图2–5）。

▲图2–4

▲图2–5

动作3：重心移至右腿，左脚跟微离地面；同时右掌内旋继续向上向里移动，掌心向下，手腕同肩高，眼视右掌；同时左臂外旋由下向上提起至右腹前，掌心侧向上，与右掌上下相合（图2–6）。

动作4：左脚微收，向正南上步，脚跟着地；目视正南方向（图2–7）。

动作5：右腿自然蹬直成左弓步，腰向左转带左臂由下向上向正南方向掤起，腕与肩平，肘低于肩；同时右掌弧形下採至右胯旁。左臂随腰右转，手指微向前伸，面向正西，目视前方（图2-8、图2-9）。

▲ 图2-6

▲ 图2-7

▲ 图2-8

▲ 图2-9

动作要领：

1. 凡是转体动作，都是由腰带动四肢一起转动。

2. 掤臂要做到圆撑，沉肩垂肘，左右臂不可伸直，要有一定曲度。

3. 定式时左腿膝关节要和左脚尖方向一致，不可扣膝，上身要正直。

4. 杨氏太极拳的任何内扣脚、外摆脚动作，脚掌都要微微离开地面，不可翘得过高，以免造成局部肌肉紧张。

【右掤】

动作1：重心略右移；腰右转，腰带左脚里扣45°；双臂微松，左臂微内旋（图2–10）。

动作2：重心移向左腿，右脚跟微离地面；同时左臂内旋屈肘，掌心向下至胸前，右臂外旋由右向左至腹前，掌心向上与左掌上下相合；目视左掌（图2–11）。

▲ 图2–10

▲ 图2–11

动作3：右脚微收，向正西上步，脚跟着地；右掌后移；目视正西（图2–12）。

动作4：左腿自然蹬直成右弓步；同时右臂向前上方掤起至胸前，腕与肩平，掌心侧向内，肘部略垂，左臂随同右臂一起前掤，左掌至右腕后下方一拳处，掌心斜向前下；目视前方（图2–13）。

▲ 图2–12

▲ 图2–13

动作要领：

1. 转体动作应以腰部带动四肢，步法的虚实转换要做好，以免硬拧、硬扣。

2. 右掤手是双掌向同一方向掤出，上身可以微向前倾。

3. 脚微收上步，符合杨氏太极拳的特点“脚走捷径”，如果上步时先把脚收到支撑脚内侧再上步，既加大距离，又浪费时间，容易被对方牵制，不利于技击。

【捋】

动作1：腰右转45°，带动右臂内旋向右前方掤手探掌，掌心斜向外，左掌随转体外旋，掌心侧向内，位于右肘旁，两掌心斜相对；目视右掌（图2–14）。

动作2：左腿屈膝，坐腰，左转腰带动两臂平捋至左前方，目视西南方向（图2–15）。

动作要领：

做捋的动作时意念力点在两掌。两臂的动作只有在腰的带动下才能转换自如。

▲ 图2-14

▲ 图2-15

【挤】

动作1：腰带动身体右转至正西，同时两掌收于胸前，右掌外旋，掌心向内，左掌内旋，掌心贴在右前臂近腕处（图2-16）。

动作2：左腿自然蹬直，重心前移成右弓步；同时两臂以腰催动向前挤去，腕与肩平，目视前方，意念力点在右掌腕处（图2-17）。

▲ 图2-16

▲ 图2-17

动作要领：

1. 左掌搭右前臂，不要虚摆在右前臂上，应紧贴右前臂，以助一臂之力。

2. 做挤的动作时，注意上身勿挺直，应略前倾。

【按】

动作1：两掌左右分开与肩同宽，两掌随分随内旋，两掌心向下（图2-18）。

动作2：重心后移，屈膝后坐；同时两掌随腰后坐时收至胸前，掌尖向上，掌心向前（图2-19）。

动作3：左腿自然蹬直，重心前移成右弓步；同时两臂沉肩垂肘，坐腕立掌向前推按，意念力点在掌根（图2-20）。

▲图2-18

▲图2-19

▲图2-20

动作要领：

1. 两臂屈肘向胸前收回，注意手走球面，含胸拔背。

2. 手在胸前，沉腕向前推按，力点在掌根。

3. 向前或向前上方推按，不可向前下方推按，即手走下弧。根于脚，发于腿，主宰于腰，形于手。

第四式 单鞭（东）

动作1：重心后移，左腿屈膝，两掌平放，掌心向下（图2-21）。

动作2：腰向左转带动右脚里扣135°；同时左臂微屈，随腰转动以左臂为主，带动右臂平捋至正东；重心仍在左腿，目视正东方向（图2-22）。

动作3：重心渐移至右腿，同时右掌臂微里屈，腰向右转，以右臂为主，带动左臂平捋至西南，左脚跟内收成虚步，目视右掌（图2-23）。

动作4：右臂自然伸直按掌后变勾手，左掌外旋，掌心向内掤至胸前，目视右勾手（图2-24）。

▲ 图2-21

▲ 图2-22

▲ 图2-23

▲ 图2-24

动作5：松腰落胯，身体微左转，提左腿向正东上步，脚跟着地，左掌继续前掤，目视左掌（图2-25）。

动作6：右腿自然蹬直成左弓步，左掌缓缓内旋侧立掌向前推按，目视正东方向（图2-26）。

▲ 图2-25

▲ 图2-26

动作要领：

1. 两臂向左平捋时以左臂为主，右臂相随；两臂向右平捋时以右臂为主，左臂相随。要有主次之分，以体现杨氏太极拳的特点。

2. 勾手时，腕关节向下弯曲，提腕，五根手指合拢，掌尖均向下。

3. 右臂要伸直，不要弯曲，不可僵直。

4. 单鞭动作为了兼顾两臂的需要，定式时上身须正直，不可前倾。

第五式 提手上式（南）

动作1：屈腿后坐，重心移向右腿，腰右转带动左脚里扣45°，左臂随腰摆至体前，掌心向前，目视前方（图2-27）。

动作2：重心左移，右脚跟微离地面成虚步，右勾手变掌，两掌心斜相对呈合意，目视前方（图2-28）。

▲ 图2-27

▲ 图2-28

动作3：重心移至左脚，右脚微收，向正南上步，脚跟落地成虚步；同时两臂微外掤后，两掌向里提合手，右臂前伸右掌掌尖斜向上，左掌至右肘下方内侧，掌尖斜向上；目视正南方向（图2-29）。

▲ 图2-29

动作要领：

1. 两掌向里提合首先要做到松腰坐胯，含胸拔背。左掌与右掌的距离是腕与肘之间的长度。

2. 弓步，要求两脚之间的横向距离与肩同宽。而虚步时，要求两脚踩在人体中线附近，两脚距离约10厘米，幅度不可大，更不可踩在一条线上。

3. 杨氏太极拳的虚步要求前脚掌或后脚跟都微离地面，否则会造成局部肌肉紧张。虚腿的膝关节都要微屈，不可直挺，要做到直中有曲。

第六式 白鹤亮翅（东）

动作1：左转腰带动右脚里扣45°，身向东南；左掌外旋掌心斜向上，右掌内旋掌心斜向下，随转体下捋至腹前；目视东南方向（图2–30）。

▲ 图2–30

动作2：继续向左转体，右脚稍提原地上步（重心稍左移，右脚微收再前伸落回原地，脚跟先着地），同时两臂翻转胸前合抱，右掌心斜向上转至腹前，掌尖向左，左掌心斜向下至胸前右肘内侧上方；此时重心仍在左腿，目视东南方向（图2–31）。

▲ 图2-31

动作3：左腿蹬地，用肩胸向正南靠出，目视东南，重心移向右腿，成侧弓步（图2-32）。

▲ 图2-32

动作4：微右转，左脚提起向前迈出，脚掌着地成虚步；微左转，同时右掌由下向上，边内旋边撑起至头上方，掌心向前，掌尖向左，左掌按至左胯旁，掌心向下，掌尖向前；身向正东，目视前方（图2-33）。

▲图2-33

动作要领：

1. 做靠的动作，左掌在右肘内侧要有挤意，起辅助作用。

2. 右掌上撑，意念力点在小指外侧，要横掌掤起。左掌下按，意念力点在掌根，胯下沉，百会穴上领，对拉拔长。

第七式 左搂膝拗步（东）

动作1：腰右转带动右臂外旋，右掌掌背向下，向右后方掤，左臂屈肘左掌摆至腹前，掌心向下；目视右掌（图2-34）。

动作2：右臂屈肘，右掌至耳侧掌心向前，同时左脚微收，向正前上步，脚跟着地；身向东南，目视正东方向（图2-35）。

动作3：腰左转带动左掌弧形向前下搂至左腹前，掌心向下，掌尖向前，随之右腿自然蹬直成左弓步，同时右掌坐腕立掌向前推按，腕与肩平；目视前方（图2–36）。

▲ 图2–34

▲ 图2–35

▲ 图2–36

动作要领：

1. 腰右转，右掌向下向右后摆时要走手不走肘，即手移动弧线长，肘移动弧线短，上臂与身成锐角，上臂护肋。

2. 本式左掌先搂膝，随之弓步，然后右掌推按，体现了杨氏太极拳有主次，即先后之分的特点。

3. 要体现“脚走捷径，手打直线”的特点。

第八式 手挥琵琶（东）

动作1：重心前移；右脚提起向前跟半步，脚掌着地；右掌放松变坡掌（图2–37）。

动作2：重心后移；腰微右转带动右臂肘后拉；左掌弧形上提，两掌微外旋，掌心斜向下；目视前方（图2–38）。

动作3：腰微左转，提起左脚落至前方，脚跟着地成虚步；同时左掌外旋向右捌至胸前，掌心向右，手腕同肩高，掌尖斜向上，右掌斜向下按至胸前，即左肘侧下，掌心斜向下；目视前方（图2–39）。

▲ 图2–37

▲ 图2–38

▲ 图2–39

动作要领：

手挥琵琶与提手上式的区别在于提手上式是两力方向相反，而手挥琵琶则是左捌右按。由于用法不同，所以要求习练者在动作上要有区别。

第九式 左搂膝拗步（东）

动作1：腰右转；右掌臂外旋，右掌掌背向下向右后摆至右肩侧，左掌收至腹前，掌心向下；目视右掌（图2–40）。

动作2：与第七式相同（图2–41、图2–42）。

▲ 图2-40

▲ 图2-41

▲ 图2-42

第十式 右搂膝拗步（东）

动作1：重心后移，右腿屈膝；右掌放松变坡掌；目视前方（图2-43）。

动作2：左转腰带动左脚外摆45°，同时左掌翻掌变掌心向上；目视左前方（图2-44）。

▲ 图2-43

▲ 图2-44

动作3：重心前移；左掌掌背向下向左后摆至左胯外侧，右臂屈肘至胸前，掌心向下；目视左掌（图2-45）。

动作4：左臂屈肘，左掌至耳侧，掌心向前，右掌按至腹前；同时右脚微收，向正前上步，脚跟着地；身向东北方向，目视正东方向（图2-46）。

动作5：腰右转带动右掌弧形向前下搂至右腹前，掌心向下，掌尖向前，随之左腿自然蹬直成右弓步，同时左掌坐腕立掌向前推按，腕与肩平；目视前方（图2-47）。

▲ 图2-45

▲ 图2-46

▲ 图2-47

动作要领：

动作要领与第七式的相同，但方向相反。

第十一式 左搂膝拗步（东）

动作及要领与第十式右搂膝拗步（东）相同，方向相反（图2-48至图2-52）。

▲ 图2-48

▲ 图2-49

▲ 图2-50

▲ 图2-51

▲ 图2-52

第十二式 手挥琵琶（东）

本式的动作及动作要领与第八式相同。

第十三式 左搂膝拗步（东）

本式的动作及动作要领与第九式相同。

第十四式 进步搬拦捶（东）

动作1：重心后移；右腿屈膝，右掌放松变坡掌；目视前方（图2-53）。

动作2：左转腰带左脚外摆45°，同时左掌翻掌变掌心向上，目视东北方向（图2-54）。

▲ 图2-53

▲ 图2-54

动作3：重心前移；右掌变拳收至左肋侧，拳心向下，左掌掌背向下向左后摆至左胯外侧；右脚跟提起成虚步，身向东北，目视东北方向（图2-55）。

动作4：右转腰带动右脚向前上步，脚跟着地，脚掌外摆45°；同时左臂屈肘收至耳侧，掌心向前，右臂边外旋边向右前滚压；重心在左腿，目视前方，身向正东（图2-56）。

▲ 图2-55

▲ 图2-56

动作5：继续右转腰，随重心前移，左掌前推。右拳回收至右胯旁，拳心向上。提起左脚向正前上步，脚跟着地，身向东南，目视正东方向（图2-57）。

动作6：右腿自然蹬直成左弓步；右拳内旋，拳眼向上随腰左转向前打去，左掌收至胸前，掌心对右肘内侧，掌尖斜向上；目视前方（图2-58）。

▲ 图2-57

▲ 图2-58

动作要领：

1. 搬的做法是用前臂和拳背向外滚压，不能做成向前搬砸。

2. 弓步打捶要沉肩垂肘，不能僵直打击，要做到直中有曲。

3. 该式动作较多，上步搬拳、上步推掌收拳、弓步打拳收掌，上下动作都要协调，否则就会相互脱节，显得散乱。

第十五式 如封似闭（东）

动作1：左掌下落，经右肘下外旋穿出，右拳变掌随腰右转收至胸前与左掌交叉在右胸前，两掌心均斜向内，同时重心后移至右腿，目视前方（图2–59、图2–60）。

▲ 图2–59

▲ 图2–60

动作2：两臂随腰继续右转，左掌前掤至胸前，掌心斜向内，同时右肘后拉，右掌掌心斜向上，目视左掌（图2–61）。

动作3：两臂随腰由右向左转向正东，两掌内旋立掌收至胸前，掌心向前，目视前方（图2–62）。

动作4：右腿自然蹬直成左弓步，两掌向前推按，目视前方（图2–63）。

▲ 图2-61

▲ 图2-62

▲ 图2-63

动作要领：

1. 两掌推按要做到沉肩垂肘，上身微向前倾。

2. 当两掌交叉右掌向后拉时，注意右臂不要贴身夹腋，要与身体保持一定距离。

第十六式 十字手（南）

动作1：重心后移，右腿屈膝，双掌微松后引，掌心斜向下，目视前方（图2–64）。

动作2：腰右转带动左脚里扣90°；同时两臂抹向正南，再向下、向左右两侧弧形分开；此时随重心右移，右掌撇向右方，目视右掌，重心在右腿（图2–65）。

▲ 图2–64

▲ 图2–65

动作3：重心左移，右脚提起收至左脚右侧，两脚距离与肩同宽，两脚尖均向前；同时两臂从左右两侧继续走下弧合至腹前，左掌在外，右掌在里，掌心均向内；目视正南方向（图2–66）。

动作4：双掌外旋腕部相交成十字，掌掤至胸前，左掌在里，右掌在外，掌心均向内；目视正南方向，成马步十字掤手（图2–67）。

▲ 图2-66

▲ 图2-67

动作要领：

1. 两臂左右分开后不要抬太高，以防悬肘，右臂展开向右做撇掌。
2. 收右掌同时收右腿，做到含胸、沉肩、敛臂，十字手要掤架饱满。

第二段

十七　抱虎归山（西北）

十八　肘底看捶（东）

十九　倒撵猴（5个，东）

二十　斜飞式（西南）

二十一　提手上式（南）

二十二　白鹤亮翅（东）

二十三　左搂膝拗步（东）

二十四　海底针（东）

二十五　扇通臂（东）

二十六　转身撇身捶（西）

二十七　进步搬拦捶（西）

二十八　上步揽雀尾（西）

二十九　单鞭（东）

三十　云手（5个，南）

三十一　单鞭（东）

三十二　高探马（东）

第十七式 抱虎归山（西北）

动作1：重心微右移，腰右转带动左脚里扣45°，随即重心左移；左掌向左后方掤，同时右掌内旋至胸前按掌；目视左掌（图2-68）。

动作2：左臂屈肘，左掌至耳侧，掌心向前；提起右腿西北上步，脚跟着地；目视西北方向（图2-69）。

动作3：腰右转带动右掌弧形向前下搂至右膝右上方，掌心向下，掌尖向前；随之左腿自然蹬直，脚跟外展，脚尖向正西，成右弓步；同时左掌坐腕立掌向前推按，腕与肩平；目视西北方向（图2-70）。

▲ 图2-68

▲ 图2-69

▲ 图2-70

接做第三式的捋、挤、按动作，但方向为西北。

动作要领：

动作要领与第三式相同。

第十八式 肘底看锤（东）

动作1：重心后移，左腿屈膝后坐，两掌放平，掌心向下（图2–71）。

动作2：腰左转带动右脚里扣135° ，面向正南；同时左臂微向里屈随腰转动，以左臂为主带动右臂平捋至东南；重心仍在左腿，目视东南方向（图2–72）。

▲ 图2–71

▲ 图2–72

动作3：重心移向右腿；同时右臂微向里屈，腰向右转以右臂为主带动左臂平捋至西北；目视右掌（图2–73）。

动作4：提起左脚原地上步，脚跟着地，脚尖向东南，同时左掌外旋掤至胸前，掌心向里，右掌自然伸直，掌心斜向下，两掌心斜相对，重心仍在右腿，目视右掌（图2–74）。

动作5：身体左转带动左掌掤，右掌捋，随即重心前移，提起右脚落至左脚右后方，脚掌着地，脚尖向东南。同时左掌内旋按掌，掌心向下，掌尖向东南（图2–75）。

动作6：腰右转，右腿屈膝，重心后移，左掌外旋托至胸前，虎口向上，掌心向内，同时右掌下按，身向东南，目视东南方向（图2–76）。

▲ 图2–73

▲ 图2–74

▲ 图2–75

▲ 图2–76

动作7：左转腰，提左腿向正前方（正东）上步，脚跟着地成虚步；左掌前劈，掌心向右，掌尖斜向上，同时右掌逐渐变拳贯拳至左肘内侧下方，拳背向外，拳眼向上；目视前方（图2–77）。

动作要领：

1. 左虚步要做到“根于脚，发于腿，主宰于腰，形于手”。

2. 左掌上托，力点在虎口，做到沉肩垂肘。

3. 右贯拳是向对方的肋骨横击，拳背向外，腕向里扣。

▲ 图2–77

第十九式 倒撵猴（5个，东）

【左倒撵猴】

动作1：右转腰；右拳外旋变掌，掌背向下、向右后方掤，掌心向上，两臂夹角为120°，同时左掌外旋，掌心向上；目视右掌（图2–78）。

动作2：右臂屈肘，掌至耳侧，掌心向前；同时左腿提起向后退一步，脚掌着地；身向东南，目视正东方向（图2–79）。

动作3：左转腰；左腿屈膝后坐，左脚跟内收踏实，脚尖朝东北，右脚掌内扣，脚尖向正东；同时右掌坐腕前推，掌微俯向前下，左掌收至左胯旁；身向东北，目视正东方向（图2–80）。

▲ 图2–78

▲ 图2–79

▲ 图2–80

【右倒撵猴】

动作1：左转腰；左掌掌背向下掤至左后侧，两臂夹角为 120° ，同时右掌外旋，掌心向上；目视左掌（图2–81）。

动作2、3：与左倒撵猴相同，方向相反（图2–82、图2–83）。

接做左倒撵猴、右倒撵猴、左倒撵猴。

▲ 图2–81

▲ 图2–82

▲ 图2–83

动作要领：

1. 左（右）倒撵猴的收掌和推掌要直推直收，走下弧线，不可交叉。

2. 退步不要和前脚踩在一条线上，否则上身摇摆不稳，脚间距约 10 厘米。

3. 手掌回收至胯旁要用沉劲，松腰沉胯，意念力点在手背。前不露手，后不露肘。

第二十式 斜飞式（西南）

动作1：腰右转，带右臂向右撇掌，同时左掌内旋向外向上掤起；目视右掌（图2-84）。

动作2：腰左转，左腿屈膝，左臂内旋，掌心向下至左胸前，右臂外旋由右向左行至左腹前，掌心向上与左掌上下相合，目视左掌（图2-85）。右脚提起向右后方 135° 撤步，朝西南方向，脚跟着地，同时右掌微插掌，目视左前方（图2-86）。

▲ 图2-84

▲ 图2-85

▲ 图2-86

动作3：腰右转，右臂由下而上向西南挒出，右掌掌心侧向上，与头同高，左掌由上向下採至左胯外侧，虎口向前； 同时腰带动右脚摆至西南；左脚扣至正南；目视西南方向（图2-87）。

▲ 图2-87

动作要领：

1. 该式转体幅度较大，同时两臂也是大开大展，不易掌握重心，应注意松腰、圆裆、开胯，否则会造成身法散乱，重心不稳。

2. 右掌挒出，意念力点在大拇指外侧掌根处，左掌採力点在虎口。

第二十一式 提手上式（南）

动作1：重心前移，左脚提起跟进半步（图2-88）。

动作2：重心后移，左转腰，左腿屈膝后坐，提起右腿正南上步，脚跟着地成虚步；同时右掌内旋，左掌外旋，两掌心斜相对向里提合，掌尖斜向上，两臂微前伸；左臂屈肘，左掌至右肘下方内侧，掌尖斜向上；目视正南方向（图2-89、图2-90）。

动作要领：

1. 两掌向里提合要做到松腰沉胯、含胸拔背，左掌与右掌的距离是腕与肘之间的长度。

2. 左脚跟步落脚时脚尖指向东南45° 方向，右脚才能做虚步，方向正南。

▲ 图2-88

▲ 图2-89

▲ 图2-90

第二十二式　白鹤亮翅（东）

本式的动作及动作要领与第六式相同。

第二十三式　左搂膝拗步（东）

本式的动作及动作要领与第七式相同。

第二十四式 海底针（东）

动作1：重心前移；提右脚跟进半步，脚掌着地，脚尖朝东南方向；右掌放松变坡掌（图2-91）。

动作2：重心后移；右脚转向东南；腰右转带动右掌由前向后、向上提至耳侧，虎口向上， 掌心向左，左掌随腰转至左腿上方；目视右掌（图2-92）。

动作3：右掌随腰由右侧转向正东，顺势折腰向前下方插掌，掌心向左，掌尖向斜下方；同时左脚上步，脚掌着地，成左虚步，左掌搂至左膝旁，掌心向下，掌尖向前；目视前下方（图2-93）。

▲ 图2-91

▲ 图2-92

▲ 图2-93

动作要领：

1. 折腰下沉是在松腰松胯的基础上，与臀部突出的弯腰有根本区别。

2. 本式的一提一沉均是在腰的作用下完成的。

3. 合掌下插，掌尖向前下。后背平面与地平面夹角约为45°。

第二十五式 扇通臂（东）

动作1：上身随腰直起向右微转体带动右掌由下向上提至面前，掌型不变，左臂屈肘，左掌上提至左胸前，掌心斜向前；目视前方。提左腿上步，脚跟着地，同时右掌内旋翻掌，掌心向南；目视前方（图2–94）。

动作2：右腿自然蹬直成左弓步，同时左掌侧立前推，右掌撑架于右额角上方，掌尖向前；目视正东方向（图2–95）。

▲ 图2–94

▲ 图2–95

动作要领：

1. 右掌内旋横掌托劲，左掌侧立掌向前按劲。

2. 上身要正直，不能前倾。

第二十六式 转身撇身捶（西）

动作1：重心后移右腿屈膝（图2-96）；然后腰右转带动左脚里扣135°；右掌由上弧形下按至腹前，左掌由前弧形向上撑至额角上方，掌心向外，掌尖向西，重心仍在右腿；目视右掌（图2-97）。

动作2：重心后移，左腿屈膝；右掌变拳收至左肋前，拳心向下，拳眼向里；右脚跟内转，脚尖向西南；目视正西方向（图2-98）。

▲ 图2-96

▲ 图2-97

▲ 图2-98

动作3：右臂随腰向右转，右拳向上、向前圆转，再向下撇，拳背下压，同时左肘下垂，左掌外旋至耳侧，掌心向西；同时提起右腿向前上步，脚跟着地，重心仍在左腿；目视正西方向（图2-99）。

动作4：左腿自然蹬直，重心前移成右弓步；同时右拳回收至右胯旁，拳心向上，左掌坐腕立掌向前推按，腕与肩同高；目视前方（图2-100）。

▲ 图2-99

▲ 图2-100

动作要领：

1. 该动作身体由正东转向正西，转体幅度较大。充分后坐时不转腰。左脚待转腰时，才能轻松内扣135°，重心移至左腿，之后右脚就可以直接向正西迈出。如果边后坐边转腰，就会造成转体不充分，左脚内扣就达不到度数，右脚上步就会有困难。

2. 该式动作较连续，也较复杂，做时注意协调连贯，每招每式都有攻防含义。

第二十七式 进步搬拦捶（西）

动作1：重心后移，左腿屈膝；左掌外旋由上向下收至左腹前，掌心向上，右拳内旋由下向前上方扣拳打出，拳心向下，拳面向前，腕与肩同高（图2–101）。

动作2：左转腰带动右脚里扣，脚跟虚抬；左掌掌背向下，向左后掤至左胯外侧，然后提至耳侧，掌心向前，右臂屈肘，右拳向下、向里收至左肋前，拳心向下，拳眼向里；目视西南方向（图2–102）。

动作3：腰右转，右脚原地上步，脚跟着地，脚掌外摆45°，右臂边外旋边向右前滚压，重心仍在左腿，目视前方（图2–103）。

▲ 图2–101

▲ 图2–102

▲ 图2–103

动作4：继续右转腰，随重心前移；左掌前推，右脚摆至西北方向，右拳收回至右胯旁，拳心向上；随之提起左脚正前上步，脚跟着地；身向西北，目视西北方向（图2–104）。

动作5：右腿自然蹬直成左弓步；同时右拳内旋，拳眼向上随腰的左转向前打去，左掌收至胸前，掌心对着右肘内侧，掌尖向上；目视前方（图2–105）。

动作要领：

动作要领与第十四式相同。

▲ 图2–104

◀ 图2–105

第二十八式 上步揽雀尾（西）

动作1：重心后移，右腿屈膝，双臂放松，右臂随腰向后微收，手型不变（图2–106）。

动作2：腰左转带动左脚外摆45°；右拳变掌，两掌同时外掤，掌心相对；目视西南方向（图2–107）。

动作3：重心前移，右脚跟微离地面，同时左臂内旋屈肘，掌心向下至胸前，左腕同肩高，右臂外旋由右向左至腹前，掌心向上，与左掌上下相合，掌心相对，目视左掌（图2–108）。

▲ 图2-106

▲ 图2-107

▲ 图2-108

动作4：右掌微后插；右脚微收，向正西上步，脚跟着地；目视正西方向（图2-109）。

动作5：左腿自然蹬直成右弓步；同时右臂向前往上掤起至胸前，腕与肩平，掌心斜向内，肘部略垂，左臂随同右臂一起前掤，左掌至右腕下方一拳处，掌心斜向前下；目视正西方向（图2-110）。

▲ 图2-109

▲ 图2-110

后接捋、挤、按动作，与第三式的捋、挤、按动作相同。

动作要领：

1. 双掌外掤时，意念力点在前臂，要掤圆。

2. 右掤手是双掌向同一方向掤出，上身可以微向前倾。

第二十九式 单鞭（东）

本式的动作及动作要领与第四式相同。

第三十式 云手（5个，南）

【云手一】

动作1：重心后移，右腿屈膝，腰右转带动左脚里扣90°，指向正南；左掌随腰平捋至正南，掌心向南；目视正南方向（图2-111、图2-112）。

动作2：重心逐渐左移；做左云手，右勾手变掌，掌心斜向下，随转体向下、向左捌至腹前，同时左臂外掤；眼神引领左掌（图2-113）。

动作3：重心继续左移，腰左转；左掌向下採按至身体左侧，掌心向下，右掌外旋上托至胸前，掌心向内；同时提起右脚收至左脚右侧，两脚距离与肩同宽，脚尖向正南；目视左掌（图2-114）。

▲ 图2-111

▲ 图2-112

▲ 图2-113

▲ 图2-114

【云手二】

动作1：重心逐渐右移；做右云手，右臂随转体外掤，左掌掌心斜向下捌至腹前；眼神引领右掌（图2-115）。

动作2：重心逐渐右移，腰右转；右掌向下採按至身体右前方，掌心向下，左掌外旋上托至胸前，掌心向内；同时提起左腿，向左跨出一步，脚尖点地；目视右掌（图2-116）。

▲ 图2-115

▲ 图2-116

动作3：重心逐渐左移，两臂随腰左转做左云手，左臂外掤，右掌掌心斜向下，捌至腹前；眼神引领左掌（图2-117）。

▲ 图2-117

动作4：重心继续左移，腰微左转；左掌向下采按至身体左侧，掌心向下。右掌外旋上托至胸前，掌心向内；同时提起右脚收至左腿右侧，两脚距离与肩同宽，脚尖向正南；目视左掌。（图2–118）

云手三、云手四、云手五同云手二动作，最后一动，右脚内扣45° 收至左脚右侧。

▲ 图2–118

动作要领：

1. 左右云手是以腰带动四肢向左右两侧转动，幅度要达到 180° ，必须注意转腰要充分，上下左右必须协调。

2. 右脚收至左脚右侧，两脚距离与肩同宽，两脚尖平行向前，不要踩成外八字。

3. 做云手动作时，无论是左脚的跨步还是右脚的收步，都要求平稳。不要出现忽高忽低的起伏现象，动作应保持在一个水平线上。

4. 立身中正。云手时，两掌的运动轨迹为两个椭圆，而这两椭圆在垂直于地面的曲面上。

第三十一式 单鞭（东）

动作1：重心逐渐右移；随左转腰，右臂掤至右前方，自然伸直，按掌变勾手，左掌心侧向下，捌至腹前，然后外旋向上托至胸前，掌心向内；目视右勾手（图2–119、图2–120）。

动作2、动作3：参照第四式动作5、动作6（图2–121、图2–122）。

▲图2–119

▲图2–120

▲图2–121

▲图2–122

第三十二式 高探马（东）

动作1：重心后移，右腿屈膝，腰右转；右勾手变掌外旋，掌心向上，同时左掌外旋，掌心向上；目视右掌（图2-123）。

动作2：腰左转至正东；右臂里屈右掌移至胸前，掌心向下，掌指向左，向前方探出，同时左掌向后拉，收至腹前，掌心向上，掌尖向东南；随之左脚提起脚掌，在正前方着地成虚步；目视前方（图2-124）。

▲ 图2-123

▲ 图2-124

动作要领：

左脚上步时要松腰沉胯，右掌前探，左掌后拉，同时百会上领，脊柱有对拉拔长之意，意念力点在右掌小指外侧。

第三段

三十三　右分脚（东南）

三十四　左分脚（东北）

三十五　转身左蹬脚（西）

三十六　左搂膝拗步（西）

三十七　右搂膝拗步（西）

三十八　进步栽捶（西）

三十九　转身撇身捶（东）

四十　进步搬拦捶（东）

四十一　右蹬脚（东）

四十二　左打虎式（北）

四十三　右打虎式（南）

四十四　回身右蹬脚（东）

四十五　双峰贯耳（东南）

四十六　左蹬脚（东）

四十七　转身右蹬脚（东）

四十八　进步搬拦捶（东）

四十九　如封似闭（东）

五十　十字手（南）

第三十三式 右分脚（东南）

动作1：腰带上肢向右转体；右掌平抹下按至体前右侧，左掌向左上方掤出，掌心斜向上；同时提左脚向左前方上步，脚跟着地，脚尖向东北；目视左掌（图2–125）。

动作2：左转腰，右腿自然蹬直成左弓步，同时右掌从左臂上方穿掌，目视右掌（图2–126）。

▲图2–125

▲图2–126

动作3：腰微右转；右掌向右前方平抹，左掌微收至胸前，掌心斜向内；目视右掌（图2–127）。

动作4：左转腰；左臂前掤，掌心向内，右掌随转体向左侧平捋至胸前，与左掌两腕相搭，合成十字手，掌心均向内，右掌在外；右脚跟提起；目视东北方向（图2–128）。

动作5：左腿直立；两掌平肩分手，边分边内旋，腕同肩高，掌心向外；同时提右腿，大腿平行地面，小腿自然下垂（图2–129）。随之两掌外撑，目视东南，右腿踢出，力点在脚面（图2–130）。

▲ 图2-127

▲ 图2-128

▲ 图2-129

▲ 图2-130

动作要领：

1. 穿掌意念力点在掌尖，平抹掌意念力点在小指外侧，两臂有对拉之意。

2. 平肩分掌，应两掌边内旋边外分，同时提起大腿，与地面平行，而且要先分掌， 两掌外撑时分脚，意念力点在脚面。

3. 分脚到位的同时，两双掌微外撑助力，外撑掌的意念力点在掌根处，分脚意念力点在脚面，用脚尖和脚背踢对方的腰、肋等处。

第三十四式 左分脚（东北）

动作1：左腿屈膝，收右腿向东南方上步，脚跟着地；右掌下按至体前，掌心斜向下，左臂屈肘，左掌下落按至腹前，掌心斜向下；重心在左腿，目视右掌（图2–131）。

动作2：右转腰，左腿自然蹬直成右弓步；同时右掌外旋，掌心斜向上，左掌从右臂上方穿掌；目视前方（图2–132）。

动作3：左转腰；左掌向左前方平抹，右掌微收至胸前，掌心侧向内；目视左掌（图2–133）。

▲ 图2–131

▲ 图2–132

▲ 图2–133

动作4：右转腰；右臂前掤，掌心向内，左掌随转体向右侧平捋至胸前，与右掌两腕相搭，合成十字手，掌心均向内，左掌在外；左脚跟提起；目视东北方向（图2–134）。

动作5：两掌平肩分手，右腿直立，提起左脚，大腿平行地面，向东北方向；随之两掌外撑，左脚踢出，目视东北方向（图2–135、图2–136）。

动作要领：

动作要领与第三十三式相同。

▲ 图2–134

▲ 图2–135

▲ 图2–136

第三十五式 转身左蹬脚（西）

动作1：左腿收回悬提，脚尖自然下垂，右腿微屈，以右脚跟为轴，随腰向左转体180°；同时两掌臂外旋向内合至胸前，腕部相搭成十字手，掌心均向内，左掌在外；目视前方（图2–137）。

动作2：两掌平肩分手；右腿直立，提起左腿向正西，大腿与地面平行（图2–138）。随之两掌外撑，目视正西方向，左脚蹬出（图2–139）。

▲ 图2–137

▲ 图2–138

▲ 图2–139

动作要领：

1. 转体 180° 应以右脚跟为轴，脚掌微离地面，松腰沉胯，以腰带动全身向左转体，右脚尖向西北方向。

2. 做转体动作要上下相随，要边转体边合手，转体到位，合手到位。蹬脚的用法是用脚跟蹬对方的腹部。

第三十六式 左搂膝拗步（西）

动作1：左腿屈回，腰微右转；右臂外旋，右掌掌背向下，向右后掤至右胯外侧，同时左臂屈肘，左掌摆至胸前，掌心向下；目视右掌（图2–140）。

动作2：右臂屈肘，右掌至耳侧，掌心向前；同时左腿下落向前方上步，脚跟着地；身向西北，目视正西方向（图2–141）。

动作3：腰左转带动左掌弧形向前下搂至左腹前，掌心向下，掌尖向前；随之右腿自然蹬直成左弓步；同时右掌坐腕，立掌向前推按，腕与肩平；目视前方（图2–142）。

动作要领：

动作要领与第七式相同，但方向相反。

▲ 图2–140

▲ 图2–141

▲ 图2–142

第三十七式 右搂膝拗步（西）

本式的动作及动作要领与第十式相同，但方向相反。

第三十八式 进步栽捶（西）

动作1：重心后移，左腿屈膝（图2–143）。腰右转带动右脚外摆45°；同时右掌外旋，掌心侧向上；目视西北方向（图2–144）。

▲ 图2–143

▲ 图2–144

动作2：重心前移，提起左腿向正前方上步，脚跟着地，同时右掌逐渐握拳收至右胯旁，拳心向上，左掌掌心向下收置腹部前方（图2–145）。

动作3：腰左转带动左掌弧形向前下搂至左膝上方，掌心向下，掌尖向前；随之右腿自然蹬直成左弓步；同时右臂内旋，右拳向前下方打出，拳心向左；目视前下方。（图2–146）

动作要领：

1. 出右拳时，腰带动身体转向正西。此为栽捶手法，目的是攻击对方的脚、胫，力点在拳面。

2. 头、尾闾、右脚跟成一直线，身形倾斜均45°，不可驼背突臀，也不可低头下看。

▲ 图2-145

▲ 图2-146

第三十九式 转身撇身捶（东）

动作1：重心后移，右腿屈膝，上身抬起（图2–147）。腰右转带动左脚里扣135°；左臂随转体上掤，左掌摆至左额角上方，掌心向外；掌尖斜向上（图2–148）。

动作2：重心移至左腿，身向东北；右脚跟内转，脚尖向东北；右拳内旋至左腹前，拳心向下，拳眼向里；目视东北方向（图2–149）。

▲ 图2–147

▲ 图2–148

▲ 图2–149

动作3、4：与第二十六式的动作3、4相同，方向相反（图2-150、图2-151）。

▲ 图2-150

▲ 图2-151

动作要领：

动作要领与第二十六式相同。

第四十式 进步搬拦捶（东）

本式的动作及动作要领与第二十七式相同，但方向相反。

第四十一式 右蹬脚（东）

动作1：重心后移，右腿屈膝，双臂放松，右臂随腰微向后收，手型不变（图2-152）。

动作2：腰左转带左脚外摆45°，右拳变掌，两掌同时外掤，目视正东方向（图2-153）。

动作3：重心前移，右脚跟微离地面；双掌外旋，在胸前合成十字手，腕部相搭，掌心向内，右掌在外；目视前方（图2-154）。

▲ 图2-152

▲ 图2-153

▲ 图2-154

动作4：两掌平肩分手，左腿直立，两腕同肩高，提起右腿向正东（图2–155）。随之两掌外撑，目视正东方向，右脚向正东蹬出（图2–156）。

▲图2–155

▲图2–156

动作要领：

1. 平肩分掌应双掌边内旋边外分，同时提起右大腿，小腿自然下垂，而后要在两掌向外撑的同时蹬脚。

2. 蹬脚到位的同时，两掌微外撑助力，蹬脚的意念力点在脚跟，撑掌的意念力点在掌根。

第四十二式 左打虎式（北）

动作1：右腿屈膝下落至左腿旁，脚尖向东北（图2–157）。重心移至右腿，左臂外旋屈肘，左掌回收至胸前，掌心侧向里，右臂微下落掌心斜向下，两掌心斜相对；左脚跟微离地面；目视右掌（图2–158）。

动作2：左转腰，提起左腿向正北上步（图2–159）。左掌逐渐握拳，拳心向左上方屈肘至左额角前，拳眼向下，拳心向外，右掌也逐渐握拳移至胸前，同时右腿自然蹬直成左弓步；面向正北，目视正北方向（图2–160）。

▲ 图2-157

▲ 图2-158

▲ 图2-159

▲ 图2-160

动作要领：

1. 两臂由腰带动，右掌往左侧下採，然后逐渐握拳，贯拳运劲收至胸前，与左拳上下相对，两臂均有向外掤撑之意。

2. 两臂动作要圆满、松柔，呈弧形，左右两掌要呼应协调，要注意上下相随。

第四十三式 右打虎式（南）

动作1：重心后移，右腿屈膝（图2–161）。然后腰右转带左脚里扣135°，身形朝东南，两拳放松（图2–162）。

动作2：重心后移至左腿，腰继续右转；右脚尖微离地面成虚步；同时左拳变掌下落至体前，掌心斜向下，右臂外旋拳变掌，掌心斜向上；目视正南方向（图2–163）。

▲ 图2–161

▲ 图2–162

▲ 图2–163

动作3：腰继续右转，提起右腿向正南上步（图2–164）。右掌逐渐握拳向右上方摆至右额角前，拳眼向下，拳心向外，左掌也逐渐握拳至胸前；同时左腿自然蹬直成右弓步；方向正南，目视正南方向（图2–165）。

动作要领：

动作要领与第四十二式相同。

▲ 图2–164

▲ 图2–165

第四十四式 回身右蹬脚（东）

动作1：重心不动，腰微左转带动左脚外摆90°，左拳变掌向外掤（图2–166）。

动作2：腰继续左转，重心移至左腿，右脚随转体内扣90°；右拳变掌置左掌外侧，两腕相交成十字，掌心均向内；目视前方（图2–167）。

动作3：两掌平肩分手，左腿直立，提右脚向正东方向（图2–168）。随之两掌外撑，目视正东方向，右脚向正东蹬出（图2–169）。

动作要领：

动作要领与第四十一式相同。

▲ 图2-166

▲ 图2-167

▲ 图2-168

▲ 图2-169

第四十五式　双峰贯耳（东南）

动作1：右腿收回悬提，目视正东，脚尖自然下垂，同时两臂外旋屈肘下落，两掌移至右膝两侧，掌心向上（图2–170）。腰右转，左脚里扣45°至正东，身向东南（图2–171）。

▲ 图2–170

▲ 图2–171

动作2：左腿屈膝，右脚向东南落步，脚跟着地；同时两掌握拳，拳心向上至两胯旁；目视东南方向（图2–172）。

动作3：左腿自然蹬直成右弓步，同时两拳内旋自两侧由下向上、向前击出，目视前方（图2–173）。

动作要领：

双峰贯耳的用法是用虎口贯击对方的双耳，同时要松肩，两肘下沉，不要向外扩张。

▲ 图2–172

▲ 图2–173

第四十六式 左蹬脚（东）

动作1：重心后移，左腿屈膝，双臂微松（图2–174）。

动作2：重心前移；双拳逐渐变掌，自上向两侧弧形下移，然后外旋，十字手合至胸前，左掌在外，掌心均向内；左脚跟提起（图2–175）。

▲ 图2–174

▲ 图2–175

动作3：两掌平肩分手，右腿直立，提左脚向正东（图2–176）。随之两掌外撑，目视正东方向，左脚向正东蹬出（图2–177）。

▲ 图2–176

▲ 图2–177

动作要领：

1. 平肩分掌应双掌边内旋边外分，两腕同肩高且对称，随即两掌外撑，同时蹬脚。

2. 蹬脚到位的同时，双掌外撑助力，蹬脚的目的是用脚跟蹬对方的腰部，大腿平行地面即可。

第四十七式 转身右蹬脚（东）

动作1：左腿屈腿回收，松腰落胯，向左前下方伸出，然后以右脚掌为轴，将身体向右后旋转，同时左脚向右后扫腿落脚至西北方向，两掌微下落，身向西北。（图2–178至图2–180）

动作2：双脚均以脚掌为支点，向右转体，重心移至左腿，左脚尖转至东北方向，右脚跟提起，身向东北；同时两掌外旋里合至胸前交叉，右掌在外，掌心均向内（图2–181）。

动作3：两掌平肩分手，左腿直立，提右脚向正东方向（图2–182）。随之两掌外撑，目视正东方向，蹬右脚（图2-183）。

动作要领：

动作要领与第四十一式相同。

▲ 图2-178

▲ 图2-179

▲ 图2-180

▲ 图2-181

▲ 图2-182

▲ 图2-183

第四十八式 进步搬拦捶（东）

动作1：右脚自然下落，松腰落胯，左腿微屈；右掌变拳收至左肋，拳心向下，左臂屈肘，左掌收至耳侧，掌心向前（图2-184）。

动作2：腰右转；右脚向右前上步，脚跟着地，脚掌外摆45°；右臂边外旋边向右前下滚压；重心仍在左腿，目视前方。（图2-185）

动作3、4：与第十四式的动作5、6相同。（图2-186、图2-187）

▲ 图2-184

▲ 图2-185

▲ 图2-186

▲ 图2-187

动作要领：

动作要领与第十四式相同。

第四十九式　如封似闭（东）

本式的动作及动作要领与第十五式相同。

第五十式　十字手（南）

本式的动作及动作要领与第十六式相同。

第四段

五十一　抱虎归山（西北）
五十二　斜单鞭（东南）
五十三　野马分鬃（5个，西）
五十四　揽雀尾（南，西）
五十五　单鞭（东）
五十六　玉女穿梭一（西南）
五十七　玉女穿梭二（东南）
五十八　玉女穿梭三（东北）
五十九　玉女穿梭四（西北）
六十　揽雀尾（南，西）
六十一　单鞭（东）
六十二　云手（5个，南）
六十三　单鞭（东）

第五十一式 抱虎归山（西北）

本式的动作及动作要领与第十七式相同。

第五十二式 斜单鞭（东南）

动作1：重心后移，左腿屈膝后坐，两掌平放，掌心向下（图2–188）。

动作2：腰向左转带动右脚里扣135°，面向正南；同时左臂微向里屈，随腰转动，以左臂为主，带动右臂平捋至东南；重心仍在左腿；目视东南方向（图2–189）。

▲ 图2–188

▲ 图2–189

动作3：重心移至右腿；同时右臂微向里屈，腰向右转，以右臂为主，带动左臂平捋至正西，右臂自然伸直，右掌按掌变勾手，左掌外旋，掌心向内掤至胸前；左脚跟内转成虚步；目视右掌（图2–190、图2–191）。

动作4：松腰落胯，身体左转，提左腿向东南上步，脚跟着地，左掌继续前掤，目视左掌（图2–192）。

▲ 图2-190

▲ 图2-191

▲ 图2-192

动作5： 右腿自然蹬直成左弓步，左掌缓缓内旋侧立掌向前推按，同时右臂微外展， 目视东南方向（图2-193）。

▲ 图2-193

动作要领：

与第四式相同，唯方向不同，斜单鞭弓步的方向为东南。

第五十三式 野马分鬃（5个，西）

【野马分鬃一】

动作1：重心右移，右腿屈膝（图2–194），腰右转带动左脚里扣90°，脚尖向西南，两臂随转体移动，手型不变，目视左掌（图2–195）。

动作2：重心左移；左臂屈肘，左掌移于左前方，掌心向下，腕同肩高，右勾手变掌，由上而下合至左臂下方，掌心向上；右脚跟微离地面成虚步；目视左掌（图2–196）。

▲ 图2–194

▲ 图2–195

▲ 图2–196

动作3：提起右腿向前上步，右掌微插掌（图2–197）。左腿自然蹬直成正西偏北 20° 的右弓步；同时随腰右转，右掌向右前上方弧形挒出，掌心斜向上，左掌向左弧形採于左胯旁，虎口向前；目视右掌（图2–198）。

动作要领：

1. 两掌在胸前合好后，向两侧分展，右前臂向对方腋下挒出。

2. 野马分鬃的弓步方向不是正前方，也不是45° 斜角，而是大约偏移20° 即可。

3. 以腰带动右掌后插掌同时，右脚上步体现了“逢前必后增加劲力”的太极拳运动规则。

▲图2–197

▲图2–198

【野马分鬃二】

动作1：重心后移，左腿屈膝，腰右转带动右脚向西北外摆45° ，同时右掌内旋翻掌，目视右掌（图2–199、图2–200）。

动作2：重心前移，左脚跟提起，左掌外旋收至腹前，与右掌上下相合，目视右掌（图2–201）。

动作3：提左腿向前上步，脚跟着地，左掌微插掌；右腿蹬直成正西偏南 20°

的左弓步；随腰左转，左掌向左前上方弧形挒出，掌心侧向上，右掌向右弧形採于右胯旁， 虎口向前；目视左掌（图2-202、图2-203）。

接做野马分鬃一、野马分鬃二、野马分鬃一。

动作要领：

动作要领同野马分鬃一。

▲ 图2-199

▲ 图2-200

▲ 图2-201

▲ 图2-202

▲ 图2-203

第五十四式 揽雀尾（南，西）

【左掤】

动作1：重心后移，左腿屈膝（图2–204）。腰左转，带动右脚扣至西南方向，右臂内旋翻掌，屈肘收至右胸前，掌心向下，掌尖斜向上（图2–205）。重心移至右腿，微屈膝，左脚跟微离地面，目视右掌方向；同时左臂外旋收至右腹前，掌心向上与右掌心相对（图2–206）。

动作2、3：与第三式揽雀尾的动作3、4、5相同（图2–207、图2–208）。

▲ 图2–204

▲ 图2–205

▲ 图2–206

▲ 图2–207

▲ 图2–208

动作要领：

动作要领与第三式左掤相同。

【右掤】

右掤动作及动作要领与第三式相同。

第五十五式 单鞭（东）

本式的动作及动作要领与第四式相同。

第五十六式 玉女穿梭一（西南）

▲ 图2-209

动作1：重心后移，右腿屈膝，腰右转带动左脚里扣135°；左掌随转体平捋至胸前，掌心向右；目视右掌（图2-209）。

动作2：重心左移，左腿屈膝，右脚跟提起里收；同时两掌自然伸直，掌心向下（图2-210）。右脚向正西上步，然后左臂外旋走下弧屈肘至右胸前，掌心侧向上，与右掌上下相合，目视右掌（图2-211）。

▲ 图2-210

▲ 图2-211

动作3：重心移向右腿，左掌向右腋下插，提左腿向西南上步，脚跟着地；随即左臂护绕右肘掤于胸前，掌心斜向上；右臂外旋，右掌掌心斜向上，收回至腹前；目视左掌（图2-212、图2-213）。

动作4：右腿自然蹬直成左弓步；同时左臂内旋翻掌掤架于左额角上方，掌心朝前；右臂内旋掌心向前，坐腕立掌，向前推按；目视西南方向（图2-214）。

▲ 图2-212

▲ 图2-213

▲ 图2-214

动作要领：

1. 玉女穿梭共有四个，分别向四个斜角方向进行。按照次序，第一个是西南角，第二个是东南角，第三个是东北角，第四个是西北角。

2. 玉女穿梭二和玉女穿梭四的转动幅度大，要进行两次扣脚才能完成。第一次扣135° ，第二次扣90° ，共扣225° 。转体动作一定要做够度数，不然右腿迈出就会困难。

第五十七式　玉女穿梭二（东南）

动作1：重心后移，右腿屈膝，两臂自然伸直，掌心向下（图2–215）。腰右转带动左脚里扣135° ；同时左臂微屈肘，俯掌，腕与肩平，右肘后拉至胸前右侧；两掌随转体平抹至正北，目视正北方向（图2–216）。

▲ 图2–215

▲ 图2–216

动作2：重心移向左腿，右脚跟内转成虚步，右臂外旋变掌心向上，右掌向左腋下插， 目视左掌方向（图2–217）。

动作3：提起右腿向东南上步，脚跟着地；同时右臂护绕左肘掤于胸前，掌心斜向上，左臂外旋，左掌掌心向上收回至腹前，目视右掌方向（图2–218、图

2-219）。

动作4：腰右转带动左脚扣至正东，左腿自然蹬直成右弓步；同时右臂内旋，翻掌挪架于右额角上方，掌心向前，左臂内旋，掌心向前坐腕立掌向前推按；目视东南方向（图2-220）。

动作要领：

动作要领同第五十六式。

▲ 图2-217

▲ 图2-218

▲ 图2-219

▲ 图2-220

第五十八式 玉女穿梭三（东北）

动作1：重心后移，左腿屈膝，两臂自然伸直，掌心向下，腰左转带动右脚里扣至正东；同时右臂微屈肘俯掌，腕与肩平，左肘后拉至胸前左侧，左掌掌心向下；目视右掌方向（图2-221）。

动作2：重心前移向右腿，左掌外旋变掌心向上、向右移至右掌方向，目视右掌（图2-222）。

▲ 图2-221

▲ 图2-222

动作3：提起左腿，向东北上步，脚跟着地；同时左臂护绕右肘掤于胸前，掌心斜向上，右臂外旋，掌心向上收回至腹前；目视左掌（图2-223）。

动作4：右腿自然蹬直成左弓步；同时左臂内旋翻掌掤架于左额角上方，掌心朝前，右臂内旋，掌心向前坐腕立掌向前推按；目视东北方向（图2-224）。

动作要领：

动作要领同第五十六式。

▲ 图2-223

▲ 图2-224

第五十九式 玉女穿梭四（西北）

动作1：重心后移，右腿屈膝，两臂自然伸直，掌心向下（图2–225）。

动作2：右转腰带左脚里扣135°；双掌平抹至正南，掌心向下；手臂自然伸直（图2–226）。

▲ 图2–225

▲ 图2–226

动作3：重心移向左腿，右脚跟内转成虚步；右臂外旋变掌心向上，右掌向左臂下插；目视左掌（图2–227）。

动作4：右转腰，右腿向西北上步，脚跟着地；同时右臂护绕左肘向外掤于胸前，掌心斜向上，左臂外旋，掌心向上，收回至腹前；目视右掌（图2–228）。

▲ 图2–227

▲ 图2–228

动作5：腰右转带动左脚扣至正西，左腿自然蹬直成右弓步；同时右臂内旋，翻掌掤架于右额角上方，掌心向前，左臂内旋，掌心向前，坐腕，立掌，向前推按；目视西北方向（图2–229）。

动作要领：

动作要领同第五十六式。

▲ 图2–229

第六十式 揽雀尾（南、西）

【左掤】

动作1：重心后移，左腿屈膝，双掌放平与肩同高，右掌前，左掌后，掌心向下，目视右掌（图2–230）。

动作2：腰左转带动右脚里扣90° 至西南（图2–231）。随即重心前移至右腿微屈膝，左脚跟微离地面；同时右臂屈肘收至右胸前，掌心向下，掌尖斜向前，左臂外旋屈肘，左掌收至右腹前，掌心向上，与右掌上下相合；目视右掌（图2–232）。

动作3：左掌微后插，左脚微收，向正南上步，脚跟着地，目视正南方向（图2–233）。

动作4：右腿自然蹬直成左弓步；同时两臂随腰转向正南，左臂由下向上掤起，腕与肩平，肘略低于肩，右掌下采；左臂随腰右转，手指微向前伸，方向正西，同时右掌采按至右胯前，指尖向西，掌心向下；面向正西，目视前方（图2–234）。

动作要领：

与第三式揽雀尾的左掤相同。

▲ 图2–230

▲ 图2–231

▲ 图2–232

▲ 图2–233

▲ 图2–234

【右掤、捋、挤、按】

右掤、捋、挤、按动作及动作要领与第三式揽雀尾的右掤、捋、挤、按相同。

第六十一式 单鞭（东）

本式的动作及动作要领与第四式相同。

第六十二式 云手（5个，南）

本式的动作及动作要领与第三十式相同。

第六十三式 单鞭（东）

本式的动作及动作要领与第三十一式相同。

第五段

六十四　下势（东）
六十五　右金鸡独立（东）
六十六　左金鸡独立（东）
六十七　倒撵猴（5个，东）
六十八　斜飞势（西南）
六十九　提手上势（南）
七十　白鹤亮翅（东）
七十一　左搂膝拗步（东）
七十二　海底针（东）
七十三　扇通臂（东）
七十四　转身白蛇吐信（西）
七十五　进步搬拦捶（西）
七十六　上步揽雀尾（西）
七十七　单鞭（东）
七十八　云手（5个，南）
七十九　单鞭（东）
八十　高探马（东）
八十一　上步穿掌（东）

第六十四式 下势（东）

动作1：左掌前探，手指向前，与肩同高，掌心向右；腰微右转，右脚掌外摆90°，脚尖向西南，重心仍在左腿（图2–235）。

动作2：重心移至右腿，屈膝下蹲，左腿成仆步；同时左臂屈肘呈弧形，左掌经胸前收至左膝内侧，掌尖向前下方，右勾手手型不变，随腰下沉；目视左掌（图2–236）。

▲ 图2–235

▲ 图2–236

动作要领：

1. 下势动作属于低姿势动作，须充分向下蹲，须注意不要弓背，也不要低头，臀部要收，勿突臀。

2. 左臂由前随同重心后移下落时呈弧形，使左掌经胸前收至左膝内侧，但弧形不宜过大，只要顺势屈肘收回就可以了。

3. 下势的步型属于仆步，如果步长不够，右脚跟须向后蹬，然后右脚掌再外摆，以增加仆步的长度，这样做下势更容易些。

第六十五式 右金鸡独立（东）

动作1：左掌沿左腿内侧穿伸（图2–237），而后挑掌，腕与肩高，掌尖斜向上，同时重心前移，右脚掌内扣90° 至东南，右勾手变掌下落按至右胯旁，目视左掌（图2–238）。

动作2： 重心微后移，腰左转带动左脚外摆45° ，左掌内旋微下按，目视左掌（图2–239）。

动作3：重心逐渐前移，左脚踏实，直立；左掌继续下按至左胯旁，掌心向下，指尖向前，右臂屈肘，右掌向上托起，掌心向左，掌尖斜向上；同时右腿向前上提，膝与胯平，脚尖向下，脚面微绷；目视前方（图2–240）。

▲ 图2–237

▲ 图2–238

▲ 图2–239

▲ 图2–240

动作要领：

1. 做右金鸡独立时，当右脚里扣、左脚外撇后，重心移向左腿，一定要坐实、坐稳，以便后腿灵活提起。

2. 该式由低势直接进入高势，运动量较大，下肢承受的压力较大，不易控制，所以要以腰带动四肢才能做到上下相随、圆满舒适。

第六十六式 左金鸡独立（东）

动作：左腿屈膝，腰微右转，右脚向右后方下落半步，重心后移坐实（图2-241）。左掌向上托起，掌心向右，掌尖斜向上；左腿向前上提，膝与胯平，脚尖向下，脚面微绷；右掌继续下按至右胯旁，掌心向下，掌尖向前；目视前方（图2-242）。

▲ 图2-241

▲ 图2-242

动作要领：

与右金鸡独立衔接，无特殊要领。

第六十七式 倒撵猴（5个，东）

【左倒撵猴】

动作1：腰右转；右臂外旋，右掌掌背向下，向右后方掤，两臂夹角为

120° ；同时左掌外旋，掌心向上；目视右掌（图2-243）。

动作2：右臂屈肘，右掌至耳侧，掌心向前；同时左腿向后退一步，前脚掌着地，身向东南；目视前方（图2-244）。

动作3：左转腰，左腿屈膝后坐，右脚掌内扣，脚尖向正东；同时右掌前推，掌心向前，手指向上，坐腕，左掌收至左胯旁；身向正东偏北，目视正东方向（图2-245）。

▲ 图2-243

▲ 图2-244

▲ 图2-245

其他四个倒撵猴动作与第十九式的后四个倒撵猴相同。

动作要领：

与第十九式相同。

第六十八式 斜飞势（西南）

本式的动作及动作要领与第二十式相同。

第六十九式 提手上势（南）

本式的动作及动作要领与第二十一式相同。

第七十式 白鹤亮翅（东）

本式的动作及动作要领与第六式相同。

第七十一式 左搂膝拗步（东）

本式的动作及动作要领与第七式相同。

第七十二式 海底针（东）

本式的动作及动作要领与第二十四式相同。

第七十三式 扇通臂（东）

本式的动作及动作要领与第二十五式相同。

第七十四式 转身白蛇吐信（西）

动作1：重心后移；右腿屈膝（图2-246）。腰右转带动左脚里扣135°；右掌由上弧形下按至身前；左掌由前弧形向上撑至左额角上方，掌心向外，掌尖向西；重心仍在右腿；目视右掌（图2-247）。

动作2：重心左移；左腿屈膝；右掌变拳收至左肋前，拳心向下，拳眼向里；右脚跟内转，脚尖向西南；目视正西方向（图2-248）。

▲ 图2-246

▲ 图2-247

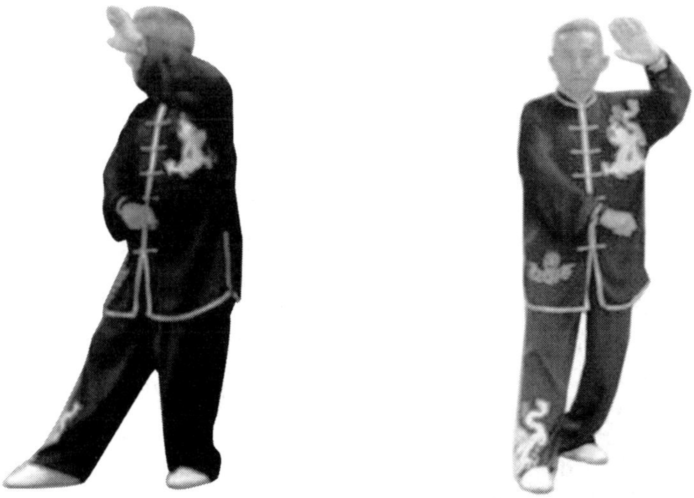

▲ 图2-248

动作3：右拳逐渐变掌向上、向前画圆，再向下撇，掌背向下压，左肘下垂，左掌外旋至耳侧，掌心向西；同时提起右腿向前上步，脚跟着地，重心仍在左腿；目视正西（图2-249）。

动作4：左腿自然蹬直，重心前移，成右弓步；同时右掌回收至右胯旁，掌心向上，左掌坐腕立掌，向前推按，腕与肩同高；目视前方（图2-250）。

动作要领：

白蛇吐信与撇身捶练法相同，只是拳变掌，两掌不可交叉。

▲ 图2-249

▲ 图2-250

第七十五式 进步搬拦捶（西）

▲ 图2-251

动作1：重心后移；左腿屈膝；左掌外旋，由上向下收至左胯前，掌心向上；右掌内旋由下向前上方探出，掌心向下，掌尖向前，腕与肩同高；目视右掌方向（图2-251）。

动作2、3、4、5与第二十七式的动作2、3、4、5相同。

动作要领：

动作要领与第二十七式相同。

第七十六式 上步揽雀尾（西）

本式的动作及动作要领与第二十八式相同。

第七十七式 单鞭（东）

本式的动作及动作要领与第四式相同。

第七十八式 云手（5个，南）

本式的动作及动作要领与第三十式相同。

第七十九式 单鞭（东）

本式的动作及动作要领与第三十一式相同。

第八十式 高探马（东）

本式的动作及动作要领与第三十二式相同。

第八十一式 上步穿掌（东）

动作1：腰右转，右掌微下按（图2-252）。提左脚向正东上步，脚跟着地（图2-253）。

▲ 图2-252

▲ 图2-253

动作2：腰微左转；右腿自然蹬直成左弓步；同时左掌稍提，由后向前穿掌， 掌心斜向上，腕与肩平，右臂屈肘，右掌穿至左肘右下方；目视前方（图2-254）。

动作要领：

1. 穿掌的用法是用左手指尖或虎口攻击对方的喉部。

2. 由高探马的虚步转为穿掌的弓步，左腿向前上步时一定要向左跨，横向距离同肩宽，不能在原地变转，以免立身不稳。

▲ 图2-254

第六段

八十二　十字腿（西）
八十三　进步指裆捶（西）
八十四　上步揽雀尾（西）
八十五　单鞭（东）
八十六　下势（东）
八十七　上步七星（东）
八十八　退步跨虎（东）
八十九　转身摆莲（东）
九十　弯弓射虎（东北）
九十一　进步搬拦捶（东）
九十二　如封似闭（东）
九十三　十字手（南）
九十四　收势（南）

第八十二式 十字腿（西）

动作1：重心后移，右腿屈膝（图2-255），腰右转带动左脚里扣135°，身向西南，目视西南方向（图2-256）。

动作2：重心移至左腿，右脚跟内旋；同时右臂外旋至胸前与左臂腕部相搭成十字手，掌心均向内，右掌在外；目视西南（图2-257）。

▲ 图2-255

▲ 图2-256

▲ 图2-257

动作3：两掌平肩分手，左腿直立，提起右腿向正西蹬去，随之两掌外撑，目视正西方向（图2-258、2-259）。

动作要领：

与第四十一式相同，方向相反。

▲ 图2-258

▲ 图2-259

第八十三式 进步指裆捶（西）

动作1：右腿收回，左腿屈膝，落胯，腰右转，身向正西。右腿向右前方上步，脚跟着地，脚掌外摆45°；同时右掌微下按（图2-260）。

动作2：腰右转，重心前移，提起左腿向正前方上步，脚跟着地，身向西北；同时右臂外旋逐渐握拳收至右胯旁，拳心向上，左臂里屈，左掌掌心向下，收至腹前（图2-261）。

▲ 图2-260

▲ 图2-261

动作3：腰左转；右腿自然蹬直成左弓步；左掌弧形向前下搂至左膝旁，掌心向下， 掌尖向前；右臂内旋，立右拳向对方裆部击去，拳心向左；目视正西（图2-262）。

▲ 图2-262

动作要领：

该动作与进步栽捶相似，这是以拳面击对方裆部的手法，定势时，前臂要平行于地面。

第八十四式 上步揽雀尾（西）

动作1：重心后移，右腿屈膝，双臂放松，右臂随腰回收，手形不变（图2-263）。

动作2：腰左转带动左脚外摆45°，右拳变掌，两掌同时外掤，掌心相对，目视正西方向（图2-264）。

动作3：重心移向左腿，右脚跟微离地面；同时左臂内旋屈肘，左掌掌心向下收至胸前，右臂外旋，右掌由右向左收至腹前，掌心向上，与左掌相合；目视左掌（图2-265）。

动作4：右脚微收后，向正西上步，脚跟着地；同时右掌后插；目视正西方向（图2-266）。

▲ 图2-263

▲ 图2-264

▲ 图2-265

▲ 图2-266

▲ 图2-267

动作5：右转腰，左腿自然蹬直成右弓步；同时右臂向前、向上掤起至胸前，腕与肩平，掌心斜向内，肘部略垂，左臂随同右臂一起前掤，左掌置于右腕下方一拳处，掌心斜向下；目视前方（图2-267）。

捋、挤、按：动作与第三式揽雀尾的捋、挤、按动作相同。

动作要领：

动作要领与第三式相同。

第八十五式　单鞭（东）

本式的动作及动作要领与第四式相同。

第八十六式　下势（东）

本式的动作及动作要领与第六十四式相同。

第八十七式　上步七星（东）

动作1：左掌沿左腿内侧穿伸（图2-268）。重心前移，左掌上挑，腕与肩同高，指尖斜向上；同时右脚掌内扣90° 至东南方向，右勾手变掌下落按至右胯旁；目视左掌（图2-269）。

▲ 图2-268

▲ 图2-269

动作2：重心微后移，腰左转，同时左掌内旋微下按，目视左掌。（图2-270）

动作3：重心逐渐前移，左掌外旋，握拳向前掤出，右臂外旋，立拳冲拳于左腕下方， 随即双臂内旋交叉，左拳在里、右拳在外，掤于胸前；同时右脚向正前方上步，脚掌着地成虚步；目视前方（图2-271、图2-272）。

▲ 图2-270

▲ 图2-271

▲ 图2-272

动作要领：

两拳前掤时，两肩要松沉、圆满，含胸拔背，不可夹肩、上扬。定势时，两拳眼斜向里。

第八十八式 退步跨虎（东）

动作1：右脚提起，后退一步坐实；同时两拳变掌，随腰右转，同时分手，右掌外旋，置于头右前方，掌心向左，左掌收至腹前，掌心向下微按，两臂屈肘成弧形（图2–273、图2–274）。

▲ 图2–273

▲ 图2–274

动作2：腰带动两臂左转，身向正东；右掌逐渐内旋，向外摆至头部右前方，掌心向前，向右外撑，左掌採按至左胯左前方，掌心向下，掌尖向前，向左外撑；同时左脚提起前伸，脚掌着地成虚步，目视正东方向。（图2–275）

动作要领：

退步分手，右掌侧撑要有前按之意，左掌下按要有侧撑之意，随腰左右转动，两臂动作要松沉、圆满，不可直来直去。

▲ 图2–275

第八十九式 转身摆莲（东）

动作1：腰微右转；左掌弧形上提至左肩前，指尖向东南，掌心斜向下；同时右掌弧形下落向胸部右前方按掌（图2–276）。而后左转腰，带动右掌向左落至胸前，掌心斜向下，掌尖向东北，双掌向前按出；目视前方（图2–277）。

动作2：由腰带动，以右脚掌为轴，右转180°至正西，左脚掌着地相随；同时左掌由上经右前臂下方环至胸腹之间，右掌由下经左前臂上方环至胸前，掌与肩平；目视右掌（图2–278）。

动作3：重心仍在右腿，松腰落胯屈膝，腰继续右转，左腿微提扫腿至西北方向，扣脚落步，脚掌微离地面。（图2–279）

▲ 图2-276

▲ 图2-277

▲ 图2-278

▲ 图2-279

动作4：腰继续右转，重心左移，成右脚掌着地的虚步，身向正东；两掌置于身右侧，右掌在前，左掌在后，两掌心向下，沉腕；目视右掌（图2-280）。

动作5：左转腰，提右膝，脚尖自然下垂，左腿直立，右脚随转腰自左向右上方弧形外摆；同时两掌由右向左迎着右腿拍击脚面，左掌在先，右掌在后。随即右腿屈膝，脚尖自然下垂；双臂置于左侧，掌心向下；目视正东方向。（图2-281、图2-282）

▲ 图2-280

▲ 图2-281

▲ 图2-282

动作要领：

1. 摆莲腿，眼神随手先看右侧，然后随手的移动再看左侧，摆腿完毕，再看正东。

2. 本式是一个高难度动作，旋转幅度大，做动作时要靠腰带四肢转动，中间不要停，上下要相随。

第九十式 弯弓射虎（东北）

动作1：松腰落胯，左腿屈膝，右脚向东南下落，脚跟着地；两臂随腰右转，两掌由左向右画弧，经腹前时变拳，右拳向西南方向提起，同肩高，左拳随至胸前（图2–283）。

动作2：左腿自然蹬直成右弓步，腰左转；同时左拳由胸前用立拳向东北方向打出，拳眼向上，右拳弧形冲架于右额角前上方，拳眼向下，拳心向外；目视东北方向（图2–284）。

动作要领：

1. 此式两臂的出击方向与弓步出腿不是同一方向，弓步方向是东南方。

2. 左拳应立拳由胸前打出，拳面向东北方向。

3. 视线由西南方向转至东北方向。

▲ 图2–283

▲ 图2-284

第九十一式 进步搬拦捶（东）

动作1：重心不变，左脚掌外摆45° 。然后重心左移，左腿屈膝，腰左转带动右脚里扣；左拳收至腹前，松拳变掌，掌心斜向上，右臂屈肘下落，右拳经胸前向前冲打， 拳心向下；目视前方（图2-285）。

▲ 图2-285

动作2：腰左转，左掌掌背向下向左后掤至左胯外侧。而后左臂屈肘，左掌收至耳侧，手指向上，掌心向前；右拳收至左肋前，拳心向下，拳眼向里；右脚跟提起成虚步；目视正前方（图2–286）。

▲图2–286

▲图2–287

动作3：右转腰；右脚向右前方上步，脚跟着地，脚掌外摆45°；右臂边外旋边向右前下滚压；重心仍在左腿；目视前方（图2–287）。

动作4：继续右转腰；随重心前移，左掌前推，右拳回收至右胯旁，拳心向上；随之提起左脚正前上步，脚跟着地；身向东南；目视前方（图2–288）。

动作5：右腿自然蹬直成左弓步；右拳内旋拳眼向上，随着腰的左转，向前打出；左掌收至胸前，掌心对右肘内侧，指尖向上；目视前方（图2-289）。

动作要领：

动作要领与第十四式相同。

▲ 图2-288

▲ 图2-289

第九十二式 如封似闭（东）

本式的动作及动作要领与第十五式相同。

第九十三式 十字手（南）

本式的动作及动作要领与第十六式相同。

第九十四式 收势（南）

动作1：两腿直立，两掌继续前掤，边内旋边前伸，掌心翻转向下，与肩平，同肩宽（图2-290、图2-291）。

▲ 图2-290

动作2：松肩坠肘，双掌下按至两胯旁，掌心向下，掌尖向前（图2-292）。

动作3：双掌收至腿两侧，掌心向里，合太极，目视前方（图2-293）。

动作要领：

1. 太极拳收势就是收其心意，凝神静息，全身松静自然，不可草率了事。
2. 配合深呼吸两次。

▲ 图2-291

▲ 图2-292

▲ 图2-293

传统杨氏太极拳二十四式

杨澄甫晚年定型架　杨振国拳式

传统杨氏太极拳第五代传人魏保仲先生创编、技术指导、视频演示

扫描观看教学视频

一、预备势、起势（南）
二、揽雀尾（西）
三、单鞭（东）
四、提手上式（南）
五、白鹤亮翅（东）
六、搂膝拗步（东）
七、手挥琵琶（东）
八、倒撵猴（东退西，2个）
九、海底针（东）
十、扇通臂（东）
十一、转身白蛇吐信（西）
十二、十字腿（西）
十三、玉女穿梭（西南）
十四、野马分鬃（西）
十五、云手（南，2个）
十六、单鞭、下势（东）
十七、上步七星（东）
十八、退步跨虎（东）
十九、转身摆莲（东）
二十、弯弓射虎（东北）
二十一、进步搬拦捶（东）
二十二、如封似闭（东）
二十三、十字手（南）
二十四、收势（南）

第一式 预备势、起势（南）

▲ 图3-1

【预备势】

面向正南，两脚向前，左右分开，与肩同宽，成开立步。两臂自然下垂，掌心向内，手指向下，目视前方（图3-1）。

动作要领：

1. 排除杂念，全神贯注。眼睛要向前平视，全身放松，舌抵上颚。

2. 虚灵顶劲，含胸拔背，沉肩垂肘，松腰胯，气沉丹田。双膝微屈，双足踏地。

3. 把杨澄甫《太极拳术十要》贯穿始终。

【起势】

动作1：双掌逐渐内旋，由下向前往上领起，同肩宽、同肩高，掌心向下，指尖向前；两臂自然伸直（图3-2）。

动作2：两肘微屈带动两臂缓缓下落，双掌按至两胯前，掌心向下，指尖向前；目视前方（图3-3）。

▲ 图3-2

▲ 图3-3

动作要领：

1. 两臂上提时，意念力点在掌背；下落时，意念力点在掌根。

2. 两臂不要直起直落，任何动作都应直中有曲、曲中有直。

第二式 揽雀尾（西）

【左掤】

动作1：屈膝下蹲，双掌继续下按（图3-4）。

动作2： 重心微左移，右转腰带动右脚外摆45° ；同时右掌外旋向外、向上掤至右胸前，掌心向左，指尖斜向前。（图3-5）

▲ 图3-4

▲ 图3-5

动作3：重心移至右腿，左脚跟微离地面。同时右掌内旋，继续向上、向里移动，掌心向下，腕同肩高；同时左臂外旋，左掌由下向上提起至右腹前，掌心斜向上，与右掌上下相合；目视右掌（图3-6）。

动作4：左脚微收，向正南上步，脚跟着地，目视正南方向（图3-7）。

动作5：右腿自然蹬直成左弓步；腰向左转，带动左臂由下向上、向正前方掤起，腕与肩平，肘低于肩；同时右掌弧形下采至右胯旁（图3-8）。左臂随腰右转，手指微向前伸，面向正西，目视前方（图3-9）。

▲ 图3-6

▲ 图3-7

▲ 图3-8

▲ 图3-9

动作要领：

1. 凡是转体动作，都由腰带动四肢一起转动。

2. 掤臂要做到圆撑，不可伸直，要沉肩垂肘。

3. 定式时左腿膝关节要和左脚尖方向一致，不可扣膝，上身要正直。

4. 做杨氏太极拳的任何内扣脚、外摆脚动作时，脚掌都要微微离开地面，不可翘得过高，以免造成局部肌肉紧张。

【右挪】

动作1：重心略右移，腰右转带动左脚里扣45° 。双臂微松，左臂微内旋（图3–10）。

动作2：身体左转，重心移向左腿，右脚跟微离地面。同时左臂内旋屈肘，掌心向下至胸前。右臂外旋，由右向左至腹前，掌心向上，与左掌上下相合，目视左掌（图3–11）。

动作3：右脚微收，向正西上步，脚跟着地，目视正西方向（图3–12）。

▲ 图3–10

▲ 图3–11

▲ 图3–12

动作4：左腿自然蹬直成右弓步；同时右臂向前、往上挪起至胸前，腕与肩平，掌心斜向内，肘部略垂，左臂随同右臂一起前挪， 左掌至右腕之间下方一拳处，掌心斜向前下；目视前方（图3–13）。

▲ 图3–13

动作要领：

1. 转体动作应以腰部带动四肢，步法的虚实转换要做好，以免硬拧、硬扣。

2. 右掤手是双掌向同一方向掤出，上身可以微向前倾。

3. 脚微收上步，符合杨氏太极拳的特点“脚走捷径”，如果上步时先把要迈出的脚收到支撑脚内侧再上步，既加大距离，又浪费时间， 容易被对方牵制，不利于技击。

【捋】

动作1：腰右转45°，带动右臂内旋向右前方掤手探掌，掌心侧向外；左掌随转体外旋，掌心斜向内，位于右肘旁，两掌心侧相对；目视右掌（图3–14）。

动作2：左腿屈膝，坐腰，左转腰带动两臂平捋至左前方，目视西南方向（图3–15）。

动作要领：

做捋的动作时，意念力点在两掌。两臂的转动只有在腰的带动下才能转换自如。

▲ 图3–14

▲ 图3–15

【挤】

动作1：由腰带动向右转体至正西；同时右掌外旋，掌心向内，左掌内旋，掌心贴在右前臂近腕处（图3–16）。

动作2：左腿自然蹬直，重心前移成右弓步；同时两臂随腰向前挤去，力点在右掌腕处，腕与肩平，目视前方（图3–17）。

动作要领：

1. 左掌搭右前臂，不要虚摆在右前臂上，应紧贴右前臂，以助一臂之力。

2. 做挤动作时，注意上身勿挺直，应略前倾。

▲ 图3-16

▲ 图3-17

【按】

动作1：两掌左右分开，与肩同宽，右掌随分随内旋，两掌心向下（图3-18）。

▲ 图3-18

动作2：重心后移，左腿屈膝，后坐；同时两掌收至胸前，掌尖向上，掌心向前（图3-19）。

动作3：左腿自然蹬直，重心前移成右弓步；同时两臂沉肩垂肘，坐腕立掌向前推按，意念力点在掌根（图3-20）。

▲ 图3-19

▲ 图3-20

▲ 图3-21

第三式 单鞭（东）

动作1：重心后移，左腿屈膝，两掌平放，掌心向下（图3-21）。

动作2：腰向左转带动右脚里扣135°；同时左臂微向里屈，以左臂为主，带动右臂平捋至正东；重心仍在左腿；目视正东方向（图3-22）。

动作3：重心渐移至右腿；同时右臂微向里屈，腰向右转，以右臂为主，带动左臂平捋至西南；左脚跟内收成虚步；目视右掌（图3-23）。

动作4：右臂自然伸直，右掌按掌变勾手，左掌外旋，掌心向内掤至胸前；目视右掌（图3-24）。

动作5：松腰落胯，身体微左转，提左腿向正东上步，脚跟着地，左掌继续前掤，目视左掌（图3-25）。

动作6：右腿自然蹬直成左弓步；左掌缓缓内旋，侧立掌向前推按；目视正东方向（图3-26）。

▲ 图3-22

▲ 图3-23

▲ 图3-24

▲ 图3-25

▲ 图3-26

动作要领：

1. 两臂向左平捋时，以左臂为主，右臂相随；两臂向右平捋时，以右臂为主，左臂相随。要有主次之分，要体现出杨氏太极拳的特点。

2. 勾手时，腕关节向下弯曲，提腕，五指垂直合拢， 掌尖均向下。

3. 右臂要伸直，不要弯曲，但不可僵直。

4. 单鞭动作为了兼顾两臂的需要，定势时上身须正直，不可前倾。

第四式 提手上式（南）

动作1：屈腿后坐，重心移到右腿；而后腰右转带动左脚里扣45° ，左臂随腰摆至身体右前方，右掌掌心向前；目视前方（图3–27）。

动作2：重心左移，右脚跟微离地面，成虚步；右勾手变掌，两掌心相对呈合意；目视前方（图3–28）。

▲ 图3–27

▲ 图3–28

动作3：右脚微收，向正南上步，脚跟落地成虚步；同时两臂微外掤后，两掌向里提合手。右掌前伸，指尖斜向上，左掌至右肘下方内侧，掌尖斜向上；目视正南方向（图3–29）。

▲ 图3-29

动作要领：

1. 两掌向里提合，首先要做到松腰坐胯，含胸拔背，左掌与右掌的距离是腕与肘之间的长度。

2. 弓步要求两脚之间的横向距离与肩同宽；而虚步要求两脚踩在中线附近，两脚距离约10厘米，幅度不可大，更不可踩在一条线上。

3. 杨氏太极拳的虚步要求前脚掌或后脚跟都微离地面，否则会造成局部肌肉紧张。虚腿的膝关节要微屈，不可直挺，要做到直中有曲。

第五式 白鹤亮翅（东）

动作1：左转腰带右脚里扣45° ，身向东南；左掌外旋掌心斜向上，右掌内旋掌心斜向下，两掌随转体下捋至腹前；目视东南（图3–30）。

动作2：继续向左转腰，右脚稍提原地上步；同时两臂翻转于胸前合抱，右掌转至腹前，掌心斜向上，指尖向左，左掌移至右肘内侧上方，掌心斜向下；此时重心仍在左腿，目视东南方向（图3–31）。

▲ 图3-30

▲ 图3-31

动作3：左腿蹬地，用肩胸向正南靠出，目视东南方向，重心移至右腿（图3-32）。

动作4：腰微右转，左脚提起向前迈出，脚掌着地成虚步。而后腰微左转；同时右掌由下向上，边内旋边撑起至头上方，掌心向前，掌尖向左，左掌按至左胯旁，掌心向下，指尖向前，身向正东，目视前方（图3-33）。

▲ 图3–32

▲ 图3–33

动作要领：

1. 做靠的动作时，左掌在右肘内侧要有挤意，起辅助作用。

2. 右掌上撑，意念力点在小指外侧，要横掌托起。左掌下按，意念力点在掌根，胯下沉，百会上领，对拉拔长。

第六式 搂膝拗步（东）

动作1：腰微向右转带动右臂外旋，右掌掌背向下，向右后方掤；左臂随腰屈肘，左掌移至至胸前，掌心向下；眼向右掌方向平视（图3–34）。

动作2：右臂屈肘，右掌收至耳侧，掌心向前；同时左脚微收，向正前方上步，脚跟着地；身向东南，目视正东（图3–35）。

动作3：左转腰带动左掌弧形向前下搂至左胯前，掌心向下，掌尖向前；随之右腿自然蹬直成左弓步；同时右掌坐腕立掌向前推按，腕与肩平；目视前方（图3–36）。

动作要领：

1. 腰微向右转，右掌背向下、向右后掤时，要走手不走肘。即手移动弧线长，肘移动弧线短，上臂与身体成锐角，上臂护肋。

2. 本式的左掌先搂膝，随之弓步，然后右掌推按掌的做法体现了杨氏太极拳有主次、先后之分的特点。

▲ 图3–34

▲ 图3–35

▲ 图3–36

第七式 手挥琵琶（东）

动作1：重心前移；右脚提起向前跟半步，脚掌着地；右掌放松变坡掌（图3–37）。

动作2：重心后移，腰微右转带动右臂后拉；左掌弧形上提，两掌微向外旋，掌心斜向下；目视前方（图3-38）。

动作3：松腰沉胯，提起左脚落至前方，脚跟着地成虚步；同时左掌外旋向右捌至胸前，掌心向右，腕同肩高，掌尖斜向上，右掌斜向下按至左肘斜下方，掌心斜向下；目视前方（图3-39）。

动作要领：

手挥琵琶与提手上式的区别在于提手上式是两力方向相反，而手挥琵琶则是左捌右按。因为用法不同，所以要求练习者在动作上要有区别。

▲ 图3-37

▲ 图3-38

▲ 图3-39

第八式 倒撵猴（东退西，2个）

【左倒撵猴】

动作1：右转腰；右掌外旋，变掌背向下，向右后方掤，掌心向上；两臂夹角为120°；左掌外旋，掌心向上；目视右掌（图3-40）。

动作2：右臂屈肘，右掌至耳侧，掌心向前；同时左腿提起向后退一步，脚掌着地；身向东南，目视正东方向（图3-41）。

▲ 图3-40

动作3：左转腰；左腿屈膝后坐，左脚跟内收踏实，脚尖朝东北方向，右脚掌内扣，脚尖向正东；同时右掌坐腕前推，掌微俯， 左掌收至左胯旁；身向东北，目视正东方向（图3-42）。

▲ 图3-41

▲ 图3-42

【右倒撵猴】

动作1：左转腰，左掌掌背向下，向左后方捌，掌心向上，两臂夹角为120° ；同时右掌外旋，掌心向上；目视左掌（图3-43）。

▲ 图3-43

动作2、3：与左倒撵猴的动作2、3相同，方向相反（图3–44、图3–45）。

动作要领：

1. 左、右倒撵猴的收手和推掌，两掌不可交叉。

2. 退步不要和前脚踩在一条线上，否则上身摇摆不稳，脚间距约为10厘米。

3. 手掌回收至胯旁要用沉劲，松腰沉胯，意念力点在掌背。即前不露手，后不露肘。

▲ 图3–44

▲ 图3–45

第九式 海底针（东）

动作1：上体前俯，右掌随腰向前走下弧形，同时左掌随腰下按（图3–46）。

动作2：起身；右掌随腰向右侧弧形提起，至右耳侧，虎口向上，掌心向左；左脚掌微收点地，脚跟微离地面成左虚步；左掌随腰至左腿前上方，手指向前（图3–47）。

动作3：上体前俯，左转腰；右掌向前下方插去，意念力点在手指尖，掌心向

▲ 图3–46

左，其意如“探海之针”；同时左腿屈膝、胯下沉，左掌搂至左膝旁，掌心向下，手指向前；目视前下方（图3-48）。

动作要领：

1. 折腰下沉，右掌下插，防止臀部突起，后背挺直，与地平面夹角约为45°。

2. 本式做到一提一沉，均是腰的作用。

3. 右掌下插，掌尖向前下，力点在手掌尖，手腕不要弯曲。

▲图3-47

▲图3-48

▲图3-49

第十式 扇通臂（东）

动作1：上身随腰直起向右微转，带动右掌由下向上提至右额角前，掌型不变；左臂屈肘上提至左胸前，掌心斜向前，目视前方。随即右掌内旋翻掌，掌心向南；同时提左腿上步（图3-49）。

动作2：右腿自然蹬直成左弓步；同时左掌侧立前推，右掌撑架于右额角上方，掌尖向前；目视正东方向（图3-50）。

动作要领：

1. 右掌内旋横掌托劲，左掌侧立掌向前按劲。

2. 上身要正直，不前倾。

▲ 图3-50

第十一式 转身白蛇吐信（西）

动作1：重心后移，右腿屈膝（图3-51）。然后腰向右转带动左脚里扣135°，右掌由上弧形下按至身前，左掌由前弧形向上撑至左额角上方，掌心向外，掌尖向西；重心仍在右腿，目视右掌（图3-52）。

▲ 图3-51

▲ 图3-52

动作2：重心左移，左腿屈膝；右掌变拳收至左肋前，拳心向下，拳眼向里，右脚跟内转脚尖向西南；目视正西方向（图3-53）。

动作3：右拳逐渐变掌，向上、向前圆转，再向下撇去，手背向下压；左肘下垂，左掌外旋至耳侧，掌心向西；同时提起右腿向前上步，脚跟着地；重心仍在左腿，目视正西方向（图3-54）。

动作4：左腿自然蹬直，重心前移成右弓步；同时右掌回收至右胯旁，掌心向上，左掌坐腕立掌，向前推按，腕与肩同高；目视前方（图3–55）。

动作5：重心后移，左腿屈膝；左掌外旋，由上向下收至左胯前，掌心向上，右掌内旋，由下向前上方探出，掌心向下，掌尖向前，腕与肩同高；目视右掌（图3–56）。

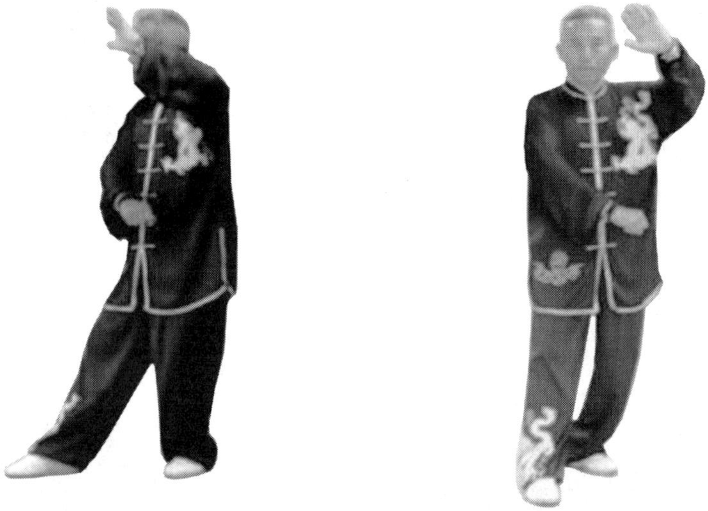

▲ 图3–53

▲ 图3–54

▲ 图3–55

▲ 图3–56

动作要领：

1. 白蛇吐信与撇身捶练法相同，只是拳变掌，两掌不可交叉。

2. 本式动作由正东转向正西，转体幅度较大，充分后坐不转腰。左脚待转腰时才能轻松内扣135°，重心移至左腿之后，右脚就可以直接向正西迈出。如果边后坐边转腰，就会造成转体不充分，左脚内扣就达不到度数，右脚上步就会困难。

3. 本式动作较连续，也较复杂，做时注意协调连贯，每招每式都有攻防含义，注意要遵循力学规律。

第十二式 十字腿（西）

动作1：重心不动；左转腰带动两掌画弧收至胸前交叉，掌心均向里，形成十字手，两腕相交（图3–57）。

动作2：两掌平肩分手，左腿直立，提起右腿向正西蹬去，随之两掌外撑，目视正西方向（图3–58、图3–59）。

动作要领：

1. 平肩分手应两掌边内旋边外分，同时提起右大腿，小腿自然下垂，而后两掌向外撑的同时蹬脚。

2. 蹬脚到位的同时，两掌微外撑助力，蹬脚的力点在脚跟，撑掌的力点在掌根。

▲ 图3–57

▲ 图3–58

▲ 图3–59

第十三式 玉女穿梭（西南）

动作1：右小腿回收自然下垂（图3-60）。

动作2：松腰屈左腿落胯，右脚向正前方上步；同时右臂屈肘，右掌掌心向下收至胸前，左掌走下弧至右掌下方，掌心向上，两掌心上下相对，形成抱球状（图3-61）。

动作3：重心移向右腿，左掌向右臂下插，提左腿向西南上步，脚跟着地；随即左臂护绕右肘掤于胸前，掌心斜向上，右臂外旋，掌心斜向上，收回至腹前；目视左掌（图3-62、图3-63）。

▲ 图3-60

▲ 图3-61

▲ 图3-62

▲ 图3-63

动作4：右腿自然蹬直成左弓步；同时左臂内旋翻掌掤架于左额角上方，掌心向前，右臂内旋，坐腕立掌向前推按；目视西南方向（图3-64）。

▲ 图3-64

第十四式 野马分鬃（西）

动作1：屈腿后坐，重心后移至右腿；同时左掌下落，右掌上提，两掌心向下，两臂自然伸直，距离同肩宽，两掌同肩高。（图3-65）

▲ 图3-65

动作2：微右转腰带动右掌外旋，掌心斜向下；同时右臂向右掤。目视右掌（图3-66）。

动作3：重心前移至左腿，右脚跟微离地面；同时右掌走下弧移至左掌下方，掌心向上，两掌心上下相对，成抱球状，左掌同肩高；目视西南方向（图3-67）。

▲ 图3-66

▲ 图3-67

动作4：微松腰落胯，右掌向后插掌，同时右脚向正西上步，脚跟着地，脚掌虚；目视正西方向（图3-68）。

动作5：右转腰；左腿自然蹬直，成右弓步，左掌采至左胯前，掌心向下，手指向西；右臂向右分靠，右掌同肩高，掌心斜向上，目视右掌（图3-69）。

▲ 图3-68

▲ 图3-69

动作要领：

1. 腰转带动右臂挒、靠，右掌同肩高，主要靠转动时的离心力挒靠对方。

2. 左掌採，右掌挒，主要用右掌虎口或右前臂、上臂挒靠对方腋下；也可用右上臂或肩挒靠对方。

第十五式 云手（南，2个）

动作1：重心不变，左脚掌外摆至正南方向（图3-70）。

动作2：左转腰带动左臂左掤，左掌走上弧置于胸前，腕同肩高，掌心向里，手指向右；同时右掌内旋走下弧，掌心斜向左下方，挒至腹前，右脚尖扣至正南方向（图3-71）。

▲ 图3-70

▲ 图3-71

动作3：重心继续左移，腰左转；左掌向下採按至身体左侧，掌心向下，右掌外旋上托至胸前，掌心向内；同时提起右脚收至左脚右侧，两脚距离与肩同宽，脚尖向正南；目视左掌（图3-72）。

动作4：重心逐渐右移，做右云手；右转腰，右臂外掤，右掌置于面前，左掌掌心斜向下，挒至腹前，眼神引领右掌。（图3-73）。

▲ 图3-72

▲ 图3-73

动作5：重心逐渐右移，腰右转；右掌向下採按至右腹前，掌心向下，左掌外旋上托至胸前，掌心向内；同时提起左腿，向左跨出一步，脚尖踏地，目视右掌（图3-74）。

动作6：重心逐渐左移，做左云手；左转腰，左臂外掤，左掌置于面前，右掌掌心斜向下，挒至腹前；眼神引领左掌（图3-75）。

▲ 图3-74

▲ 图3-75

动作7：重心继续左移，腰左转；左掌向下采按至身体左腹前，掌心向下，右掌外旋上托至右腹前，掌心向内；同时提起右脚收至左脚右侧，两脚距离与肩同宽，脚尖向东南；目视左掌（图3–76）。

▲ 图3–76

动作要领：

1. 左右云手是以腰带动四肢向左右两侧转动，幅度要达到180°，必须注意转腰要充分，上下左右必须协调。

2. 右脚收至左脚右侧，两脚脚尖平行向前，不要踩成外八字。

3. 做云手动作时，无论是左脚的跨步和右脚的收步，都要求平稳，不要出现忽高忽低的起伏现象，动作应保持在一个水平线上。

4. 立身中正。做云手时，两掌的运动轨迹为两个随圆，而这两个椭圆应垂直于地平面。

第十六式 单鞭、下势（东）

【单鞭】

动作1：重心逐渐右移，右转腰；右臂掤至右前方，右掌内旋按掌，自然伸直变勾手；左掌掌心斜向下，㧐托至腹前，然后外旋向上掤至胸前，掌心向内；目视右掌（图3-77至图3-79）。

动作2：松腰落胯，腰微左转，提左腿向正东上步，脚跟着地，左掌继续前掤，目视左掌（图3-80）。

动作3：右腿自然蹬直成左弓步；同时左掌逐渐内旋侧立掌，沉腕向前推按，右臂微右展，两臂夹角约为 135° ；目视正东方向（图3-81）。

▲ 图3-77

▲ 图3-78

▲ 图3-79

▲ 图3-80

▲ 图3-81

动作要领：

1. 勾手的做法，右掌沉腕后提腕，五指垂直合拢，掌尖均向下。

2. 右臂伸直，不可弯曲，不僵直。

3. 身躯正直，不可前倾。

【下势】

动作1：左掌前探，手指向前，与肩同高，掌心向右；腰微右转，右脚掌外摆90°，脚尖向西南，重心仍在左腿。（图3-82）

动作2：重心移至右腿，屈膝下蹲，左腿成仆步；同时左臂屈肘呈弧形，左掌经胸前收至左膝内侧，指尖向前下方，右勾手手形不变，随腰下沉；目视左掌（图3-83）。

▲ 图3-82

▲ 图3-83

动作要领：

1. 下势动作属于低姿势，须充分向下蹲，须注意既不要弓背，也不要低头，臀部要收，勿突臀。

2. 左臂由同重心后移下落时呈弧形，使左掌经胸前收至左膝内侧，但弧形不宜过大，只要顺势屈肘收回就可以了。

3. 下势的步型属于仆步，如步形长度不够，右脚跟须向后蹬，然后右脚掌再外摆，以增加仆步的长度，这样做下势更容易些。

第十七式 上步七星（东）

动作1：左掌沿左腿内侧穿伸（图3–84）。重心前移，左掌上挑，腕与肩高，掌尖斜向上；同时右脚掌内扣90° 至东南，右勾手变掌下落按至右胯旁；目视左掌（图3–85）。

▲ 图3–84

▲ 图3–85

动作2：重心微后移，腰左转带动左脚外摆45° ；同时左掌内旋微下按，目视左掌（图3–86）。

▲ 图3–86

动作3：重心逐渐前移；左掌外旋握拳向前掤出，右臂外旋，右立拳冲于左腕下方，随即双臂内旋，左拳在里右拳在外，掤于胸前；同时右脚向正前方上步，脚掌着地成虚步；目视前方（图3-87、图3-88）。

▲ 图3-87

▲ 图3-88

动作要领：

两拳前掤，两肩要松沉、圆满，含胸拔背，不可夹肩、上扬。定式时两拳眼斜向里。

第十八式 退步跨虎（东）

动作1：右脚提起后退一步坐实；同时两拳变掌，随腰右转，同时分手，右掌外旋，置于头右前方，掌心向左，左掌收至腹前，掌心向下微按，两臂屈肘成弧形（图3–89、图3–90）。

▲ 图3–89

▲ 图3–90

动作2：腰带动两臂左转，身向正东；右掌逐渐内旋，向外摆至头部右前方，掌心向前，向右外撑，左掌採按至左胯左前方，掌心向下，掌尖向前，向左外撑；同时左脚提起前伸，脚掌着地成虚步，日视正东方向。（图3–91）。

动作要领：

退步分手，右掌侧撑，要有前按之意，左掌下按要有侧撑之意，随腰左右转动，两臂动作要松沉、圆满，不可直来直去。

▲ 图3-91

第十九式 转身摆莲（东）

动作1：腰微向右转；左掌弧形上提至左肩前，掌尖向东南，掌心斜向下；同时右掌弧形下落向胸部右前方按掌（图3-92）。而后左转腰，带动右掌向左落至胸前，掌心斜向下，指尖向东北，双掌向前按出；目视前方（图3-93）。

▲ 图3-92

▲ 图3-93

动作2：由腰带动，以右脚掌为轴，右转180° 至正西左脚掌着地相随；同时左掌由上经右前臂下方环至胸腹之间， 右掌由下经左前臂上方环至胸前，掌与肩平；目视右掌（图3-94）。

动作3：重心仍在右腿，松腰落胯屈膝，腰继续右转，左腿微提扫腿至西北方向，扣脚落步，脚掌微离地面（图3-95）。

▲图3-94

▲图3-95

动作4：腰继续右转，重心左移成右脚掌着地的虚步， 身向正东；两掌置于身右侧，右掌在前，左掌在后， 两掌心向下，沉腕；目视右掌（图3-96）。

▲ 图3-96

动作5：向左转腰，提右膝，脚尖自然下垂，左腿直立，右脚随转腰自左向右上方弧形外摆；同时两掌由右向左迎着右腿拍击脚面，左掌在先，右掌在后。随即右腿屈膝，脚尖自然下垂；双臂置于左侧，掌心向下；目视正东方向（图3-97、图3-98）。

▲ 图3-97

▲ 图3-98

动作要领：

1. 摆莲腿的眼神随手先看右侧，然后随手的移动再看左侧，最后摆腿完毕，再看正东。

2. 本式是一个高难动作，旋转幅度大，做动作时要靠腰带四肢转动，中间不要停，上下要相随。

第二十式 弯弓射虎（东北）

动作1：松腰落胯，左腿屈膝，右脚向东南下落，脚跟着地；两臂随腰右转，两掌由左向右画弧，经腹前时变拳，右拳向西南方向提起，同肩高，左拳随至胸前（图3–99）。

动作2：左腿自然蹬直成右弓步，腰左转；同时左拳由胸前用立拳向东北方向打出，拳眼向上，右掌握拳，弧形冲架于右额角前上方，拳眼向下，拳心向外；目视东北方向（图3–100）。

动作要领：

1. 此式两臂的出击方向与弓步出腿不是同一方向，弓步方向是东南方。

2. 左拳应立拳由胸前打出，拳面向东北方向。

3. 视线由西南转至东北。

▲ 图3–99

▲ 图3–100

第二十一式 进步搬拦捶（东）

动作1：重心不变，左脚掌外摆45°。然后重心左移，左腿屈膝，腰左转带动右脚里扣；左拳收至腹前，松拳变掌，掌心斜向上，右臂屈肘下落，右拳经胸前向前冲打，拳心向下；目视前方（图3–101）。

▲ 图3–101

动作2：腰左转，左掌掌背向下向左后捌至左胯外侧。左臂屈肘，左掌收至耳侧，手指向上，掌心向前；右拳收至左肋前，拳心向下，拳眼向里；右脚跟提起成虚步；目视前方（图3–102）。

动作3：右转腰；右脚右前方上步，脚跟着地，脚掌外摆45°；右臂边外旋边向右前下滚压；重心仍在左腿；目视前方（图3–103）。

▲ 图3–102

▲ 图3–103

动作4：继续右转腰；随重心前移，左掌前推，右拳回收至右胯旁，拳心向上；随之提起左脚正前上步，脚跟着地；身向东南；目视前方（图3–104）。

动作5：右腿自然蹬直成左弓步；右拳内旋拳眼向上，随着腰的左转，向前打出；左掌收至胸前，掌心对右肘内侧，掌尖向上；目视前方（图3–105）。

动作要领：

1. 搬的做法是用前臂和拳背向外滚压，而不能做成向前搬砸。

2. 弓步打捶要沉肩垂肘，不能僵直打击，要做到直中有曲。

3. 该式动作较多，上步搬拳、上步推掌收拳、弓步打拳收掌， 上下动作都要协调，否则就会相互脱节、散乱。

▲ 图3-104

▲ 图3-105

第二十二式　如封似闭（东）

动作1：左掌下落，经右肘下外旋穿出，右拳变掌随腰右转收至胸前，与左掌交叉在右胸前，两掌心均斜向内。同时重心后移至右腿，目视前方。（图3-106、图3-107）

▲ 图3-106

▲ 图3-107

动作2：两臂随腰继续右转，左掌前掤至胸前，掌心斜向内，同时右肘后拉，右掌掌心斜向上，目视左掌（图3–108）。

动作3：两臂随腰由右向左转向正东，两掌内旋立掌收至胸前，掌心向前，目视前方（图3–109）。

动作4：右腿自然蹬直成左弓步，两掌向前推按，目视前方（图3–110）。

▲ 图3–108

▲ 图3–109

▲ 图3–110

动作要领：

1. 两掌推按要做到沉肩垂肘，上身微向前倾。

2. 当两掌交叉右掌向后拉时，注意右臂不要贴身夹腋，要与身体保持一定距离。

第二十三式 十字手（南）

动作1：重心后移，右腿屈膝，双掌微松后引，掌心斜向下， 目视前方（图3–111）。

动作2：腰右转带动左脚里扣90°；同时两臂抹向正南，再向下、向左右两侧弧形分开；此时随重心右移，右掌撇向右方，目视右掌，重心在右腿（图3–112）。

▲ 图3–111

▲ 图3–112

动作3：重心左移，右脚提起收至左脚右侧，两脚距离与肩同宽，两脚尖均向前；同时两臂从左右两侧继续走下弧合至腹前，左掌在外，右掌在里，掌心均向内；目视正南方向（图3–113）。

动作4：双掌外旋，腕部相交成十字手掤至胸前，左掌在里，右掌在外，掌心均向内；目视正南方向，成马步十字掤手（图3–114）。

▲ 图3–113

▲ 图3–114

动作要领：

1. 两臂左右分开不要太高，以防悬肘，右臂展开向右做撇掌。

2. 收右掌同时收右腿，做到含胸、沉肩、敛臀，十字手要前掤饱满。

第二十四式 收势（南）

动作1：两腿直立，两掌继续前掤，边内旋边前伸，掌心翻转向下，与肩平，同肩宽（图3–115、图3–116）。

动作2：松肩坠肘，双掌下按至两胯旁，掌心向下，掌尖向前（图3–117）。

动作3：双掌收至腿两侧，掌心向里，合太极，目视前方（图3–118）。

动作要领：

1. 收其心意，疑神静息，松静自然，不可草率。

2. 配合深呼吸2~3次，恢复自然状态。

▲ 图3–115

▲ 图3–116

▲ 图3–117

▲ 图3–118

附录一　传统杨氏太极拳三十七式拳谱

杨澄甫晚年定型架　杨振国拳式

一、预备 起势（南）
二、揽雀尾（西）
三、提手上式（南）
四、白鹤亮翅（东）
五、左搂膝拗步（东）
六、手挥琵琶（东）
七、右搂膝拗步（东）
八、进步搬拦捶（东）
九、如封似闭（东）
十、十字手（南）
十一、抱虎归山（西北）
十二、肘底看捶（东）
十三、左右倒撵猴（东）
十四、海底针（东）
十五、扇通臂（东）
十六、转身撇身捶（西）
十七、左右云手（南）
十八、单鞭下式（东）
十九、右左金鸡独立（东）
二十、高探马穿掌（东）
二十一、右左分脚（东南、东北）
二十二、转身左蹬脚（西）
二十三、进步栽捶（西）
二十四、转身右蹬脚（东）
二十五、左右打虎式（西北、东南）
二十六、双峰贯耳（东南）
二十七、斜飞式（西）
二十八、左右野马分鬃（西北、西南）
二十九、玉女穿梭（西南东南、东北西北）
三十、十字腿（西）
三十一、进步指裆捶（西）
三十二、转身白蛇吐信（东）
三十三、上步七星（东）
三十四、退步跨虎（东）
三十五、转身摆莲（东）
三十六、弯弓射虎（东北）
三十七、十字手合太极（南）

附录二 传统杨氏太极剑五十一式剑谱

一、三环套月（东）
二、魁星式（东）
三、燕子抄水（东北）
四、左右拦扫（东）
五、小魁星（东南）
六、燕子入巢（西北）
七、灵猫捕鼠（西北）
八、凤凰抬头（西北）
九、黄蜂入洞（西北）
十、凤凰右展翅（东南）
十一、小魁星（东南）
十二、凤凰左展翅（东）
十三、等鱼势（东）
十四、右左右龙行式（东）
十五、宿鸟投林（东）
十六、乌龙摆尾（东南）
十七、青龙出水（东北）
十八、风卷荷叶（西）
十九、左右狮子摆头（西）
二十、虎抱头（西）
二十一、野马跳涧（西）
二十二、勒马式（东南）
二十三、指南针（东）
二十四、迎风掸尘（东北东南东北）
二十五、顺水推舟（东南）
二十六、流星赶月（西北）
二十七、天马飞瀑（南）
二十八、挑帘式（西）
二十九、左右车轮（西）
三十、燕子衔泥（西）
三十一、大鹏展翅（东北）
三十二、海底捞月（西）
三十三、怀中抱月（西）
三十四、哪吒探海（西）
三十五、犀牛望月（西北）
三十六、射雁式（东南）
三十七、青龙现爪（东南）
三十八、凤凰双展翅（西北）
三十九、左右跨栏（西）
四十、射雁式（西北）
四十一、白猿献果（西）
四十二、左右落花（后退5步）（西）
四十三、玉女穿梭（南）
四十四、白虎搅尾（西）
四十五、鱼跳龙门（西）
四十六、左右乌龙搅拄（西）
四十七、仙人指路（西）
四十八、朝天一炷香（南）
四十九、风扫梅花（南）
五十、牙笏势（南）
五十一、抱剑归原（南）

附录三　传统杨氏太极刀刀诀

一、七星跨虎交刀势
1. 预备势（南）
2. 上步打拳（东）
3. 退步撑掌（东）
4. 弓步交刀（东）
5. 弓步下刺刀（向东北斜下刺）

二、腾挪闪展意气扬
6. 弓步平刺（东）
7. 弓步撩刀（东南）
8. 换步推刀（东）

三、左顾右盼两分张
9. 独立劈刀（西）

四、白鹤亮翅五行掌
10. 弓步撩刀（东）
11. 架刀推掌（东）

五、风卷荷花叶内藏
12. 转身独立扎刀（东北）

六、玉女穿梭八方势
13. 缠头劈刀（西南）
14. 弓步推刀（西南）
15. 返身弓步藏刀（东）
16. 弓步上刺刀（东北）
17. 弓步推刀（东北）
18. 返身弓步藏刀（西）
19. 弓步上刺刀（西南）
20. 弓步推刀（西南）
21. 返身弓步藏刀（东）

七、三星开合自主张
22. 独立扎刀（东）
23. 跳步按刀（东北）

八、二起脚来打虎势
24. 抱刀拍脚（东）
25. 左抱刀贯拳（北）
26. 右抱刀贯拳（南）

九、披身斜挂鸳鸯脚
27. 抱刀分脚（东）
28. 独立劈刀（东）

十、顺水推舟鞭作篙
29. 转身裹脑藏刀（西）

十一、下势三合自由招
30. 弓步平推刀（西）
31. 进步扫刀（西）

十二、左右分水龙门跳
32. 转腰撩刀（西）
33. 独立撩刀（西北）
34. 虚步藏刀（西北）

十三、卞和携石凤还巢
35. 缠头弓步劈刀（西北）
36. 转腰带刀（东）
37. 抱刀打拳（东）
38. 收势还原（南）

后 记

历时一年半，数易其稿，《传统杨氏太极拳解析》一书终于和大家见面了。本书为太极拳爱好者如何学练好传统杨氏太极拳九十四式提供了准确的规范动作、具体的行拳标准和明确的动作要领。它填补了出版物中传统杨氏太极拳九十四式这项内容的空白。

在编撰整理本书过程中，杨氏太极拳第六代传人陈丽华、张运生、杨桂英、杨帆、邹丹丹、王志强等也付出了辛勤的劳动，他们克服困难，不辞辛苦，团结协作，对书稿内容反复探讨修改，为本书的成稿做了大量文案工作。

本书如有不妥之处，诚请大家及时提出，我们将不胜感激！

如果这本书能对杨氏太极拳初学者有些许帮助，使其在学练传统杨氏太极拳的过程中不走偏路；对学有时日、有待提高的拳友们有所启迪，使其向更深层次去探讨，对提高太极功夫有所帮助，我们会倍感欣慰，因为这是我们的初衷所在。

传统杨氏太极拳三十七式

传统杨氏太极剑五十一式

传统杨氏太极刀